Développer son autorité

Éditions d'Organisation
Groupe Eyrolles
61, bd Saint-Germain
75240 Paris cedex 05

www.editions-organisation.com
www.editions-eyrolles.com

Daniel Feisthammel et Pierre Massot

Collection « Autorité, mode d'emploi »

Développer son autorité

EYROLLES

Éditions d'Organisation

Dans la même collection, des mêmes auteurs :

Maîtriser les conflits

Gérer les personnalités difficiles

Des mêmes auteurs :

Conduites professionnelles, conduites de management, Éditions Liaisons, 1997

ISO 9001 Mode d'emploi pour les PME, Éditions AFNOR (sur le référentiel de 1994 paru en 1998 et sur le référentiel 2000 paru en 2001)

Pilotage des compétences et de la formation Éditions AFNOR, 2001, 2005

Fondamentaux du pilotage de la performance, Éditions AFNOR, 2005

Guide pratique de certification des services à la personne, Éditions AFNOR, 2006.

Manager, grimpez l'échelle ! Clés pour progresser sans devenir un « petit chef », Éditions Maxima, 2007

Sommaire

Deuxième partie

GAGNER EN PUISSANCE

Introduction

La collection « Autorité, mode d'emploi »

Cet ouvrage est le premier d'une collection consacrée à l'exercice de l'autorité sous tous ses aspects et dans tous les contextes.

Les titres suivants traiteront de problèmes spécifiques de l'autorité tels que la gestion des conflits, la mobilisation des paresseux et autres résistants, la motivation, la sanction, l'autonomie accordée, la coopération et l'esprit d'équipe, l'autorité à distance, l'interaction des relations affectives et des relations d'autorité, l'usage du collectif, etc.

Mais il était naturel que ce premier ouvrage aborde la notion d'autorité elle-même : ce que c'est, ses ressorts, ses limites, et surtout comment la développer.

L'autorité dans tous les contextes

Les problèmes de l'autorité se retrouvent souvent à l'identique dans toutes les situations où doit s'exercer de fait une fonction d'autorité : la famille, l'école, les associations, l'entraînement sportif, les corps de tutelle (police, armée…), les institutions, le management en entreprise, la sécurité, les organisations politiques, etc.

Dans chacun de ces contextes, les conflits d'autorité s'expriment de façon différente et demandent des réponses particulières. Ils sont néanmoins très proches dans leur nature et les leviers qui permettent de renforcer l'autorité ou de la rendre efficace sont les mêmes.

L'objet de cette collection est de révéler les ressorts communs à toutes les situations pour permettre au lecteur de développer son autorité dans chaque milieu où il peut l'exercer.

L'autorité : du management à la vraie vie

Cette collection s'adresse aux managers dans le sens le plus large. Les auteurs, conseils et formateurs en gestion des ressources humaines, ont élaboré progressivement un ensemble cohérent d'outils et de ressources pour la pratique du management.

Comme chacun d'entre nous, ils sont impliqués personnellement dans des environnements très divers ; de leurs expériences d'entreprise à leur histoire familiale et à leurs vécus associatifs, ou en tant que simples citoyens, ils ont mesuré à quel point ce bagage pouvait leur servir dans tous les domaines (dans toutes ces occasions, et à travers l'observation parfois déconcertante, sinon décoiffante, des agitations sociales et politiques), ils ont pu faire un double constat :

- toutes les fonctions d'autorité peinent aujourd'hui à s'imposer ;
- la défaillance est souvent liée à des pratiques inopérantes et comparables sur le fond, quel que soit le milieu ;

Cet ouvrage a donc pour but d'éclairer et d'aider utilement les personnes en charge d'une fonction d'autorité, quelle qu'elle soit.

À tous les chefs de quelque chose... Mais également à leurs « sujets »

Cette collection s'adresse donc à toutes les personnes qui occupent des fonctions d'autorité : managers de tous niveaux, cadres, dirigeants, chefs de produit, chefs de file, chefs de projet, chefs de famille, grand frère ou grande sœur, responsables, donneurs d'ordre, maîtres d'ouvrage, organisateurs, animateurs, cadres ou leaders politiques, militaires, hiérarchiques, capitaines d'équipe, entraîneurs, présidents, officiers, ecclésiastiques, etc. On les appellera ici le plus souvent les « tenants de l'autorité ». Qu'elle soit officielle, confiée, naturelle ou librement acceptée, la fonction d'autorité pose finalement les mêmes problèmes à ceux qui en ont la charge. Ils se retrouveront donc un peu partout dans ce livre, quel que soit leur monde.

Mais ces ouvrages sont également conçus pour être lisibles et utiles à leurs subalternes, équipiers, collaborateurs, enfants, managés, etc. Car s'ils sont un guide pour développer son autorité, ils posent aussi les règles du jeu, dans l'intérêt mutuel des protagonistes. Les « assujettis » de toutes sortes y trouveront de quoi comprendre et analyser la pertinence de ce qu'on leur impose, ou de ce qu'on omet bizarrement de leur imposer ; ils comprendront également la façon dont l'autorité s'exerce.

On appellera ces derniers « personnes dépendantes » ou « dépendant de l'autorité », ou « ressortissants ».

Une collection boîte à outils

Chaque ouvrage de la collection suivra une trame identique :

- une première partie consacrée à l'exposé des notions de base, des ressources de fond et des règles d'efficacité : ce qu'il est utile de savoir ;
- une seconde partie consacrée aux procédés et aux comportements permettant de gagner en efficacité ; des applications pratiques seront déclinées pour chaque situation, et pour chaque protagoniste.

Toutes les ressources proposées sont cohérentes car déclinées à partir de la même boîte à idées. Les auteurs les ont éprouvées et adaptées de façon pragmatique.

Les clés de l'autorité

Le propos de notre ouvrage s'articule autour d'une idée simple : la fonction d'autorité, qui produit de la discipline pour les autres, ne peut pas s'exercer raisonnablement et efficacement si elle n'est pas elle-même disciplinée.

Autrement dit : la fonction d'autorité ne peut pas s'exercer efficacement sans avoir de légitimité à la fois dans son attribution, dans ses objectifs, dans ses ressources et dans ses formes.

Nous comptons également faire la démonstration, au-delà de sa nécessité, de la valeur ajoutée de l'autorité dans le fonctionnement des organisations et des groupes de toute nature, quelle que soit leur forme.

Il s'agit ici de justifier et de revaloriser l'autorité comme paramètre vital des systèmes, de rassurer les managers comme toutes les personnes en charge d'une autorité, mais également de les responsabiliser dans une dimension qu'ils tendent à délaisser.

Nous distinguerons deux approches dans la notion d'autorité :

• l'autorité conçue comme une fonction ou une position, un rôle qu'il faut remplir ;

• l'autorité conçue comme une prise d'influence sur des tiers, indépendamment des fonctions et des positions occupées par les protagonistes.

On peut avoir de l'autorité d'un point de vue ou de l'autre, ou des deux à la fois.

Ces deux facettes de l'autorité ont deux modes de fonctionnement indépendants et divergents dans leurs ressorts comme dans leurs exercices. Elles doivent être prises en compte de façon combinée. Ce sont deux approches très pragmatiques de deux aspects différents de la réalité. Pour un individu, tenant de l'autorité dans une situation donnée, il conviendra de trouver la meilleure articulation possible entre ces deux aspects.

L'ouvrage développe les lois, les ressources et les pratiques efficaces sur ces deux terrains, comme la façon de les associer pour atteindre une efficacité optimale.

Conçue comme une influence exercée sur des tiers, l'autorité se nourrit essentiellement des lois du fonctionnement humain dans les relations.

Nous illustrons cette définition par trois outils fondateurs :

- l'autorité est définie et représentée par le rapport entre ce qui est obtenu et ce qui est demandé ;

- une déclinaison de cette formule en grilles de niveaux, dont le plus élevé est identifié comme étant le leadership ;

- une typologie des leviers possibles de l'autorité.

Le chapitre consacré à l'autorité conçue comme influence développe une série d'outils de gestion des relations et d'organisation des comportements réciproques entre les acteurs.

Conçue comme fonction, l'autorité s'appuie essentiellement sur la réalité de la structure, ou du système, des activités et des attributions. L'ouvrage montre que tous les paramètres composant ces activités peuvent devenir des facteurs de gain ou de perte d'autorité, selon la façon dont ils sont pilotés. Le chapitre correspondant développe une série d'outils et de représentations des leviers de pilotage et d'animation efficaces.

L'ouvrage propose en outre des repères d'analyse et des ressources de comportements applicables, indépendamment des caractéristiques individuelles des protagonistes.

Les développements qui suivent sont nourris d'exemples pris dans tous les domaines, et particulièrement dans celui du management.

Enfin, des « échelles de niveaux de pratique » donnent une représentation très concrète des comportements stigmatisés ou préconisés.

CE QU'IL EST UTILE DE SAVOIR

Cette première partie s'attache à définir les différentes acceptions de l'autorité, ainsi qu'à fournir au lecteur (tenant de l'autorité ou ressortissant) les règles d'application des principes que nous aurons définis au préalable.

Elle dresse tout d'abord un état des lieux des types d'autorité et de leurs besoins dans divers domaines ; elle en trace les contours par la définition des notions les plus proches. Elle décrit ensuite les mécanismes de base du fonctionnement de l'autorité d'un double point de vue.

Quand on considère l'aurorité comme une prise d'influence exercée sur les autres personnes, son efficacité peut être mesurée de façon objective. Il est également possible de comprendre à quels ressorts d'obéissance propres aux ressortissants elle fait appel et, en regard, de distinguer les différents moyens dont le tenant de l'autorité peut user pour obtenir ce qu'il veut.

Quand on considère l'autorité comme une attribution officielle dans un système, son exercice peut être qualifié de façon précise afin d'en repérer les règles de base et tout particulièrement l'usage de la sanction.

Chapitre 1

L'autorité en question

État des lieux

Nous avons fait quelques constats simples sur la situation de l'autorité dans le management, dont nous avons analysé en détail le fonctionnement. Nous avons choisi le management comme premier support de notre développement parce qu'il est notre milieu habituel, mais aussi parce qu'il est particulièrement riche dans ses variations, et qu'il regroupe à lui seul la plupart des situations et des problématiques de l'autorité qu'on peut rencontrer par ailleurs.

Voici ce que nous avons observé :

- Le management est assez fréquemment en grande difficulté pour exercer sa fonction naturelle d'autorité. Autrement dit, on n'obtient que très difficilement ce qu'on veut de ses collaborateurs, y compris dans le cadre de leur définition de poste ; les résistances et les capacités de nuisance sont puissantes.

- Le manager moyen vit comme un paradoxe l'exercice simultané de l'autorité et la responsabilisation de ses collaborateurs.

- Le concept de management participatif et humaniste, récemment intégré de façon confuse et superficielle, a mis à mal la légitimité de l'autorité hiérarchique. L'encadrement tend d'une part à fuir les confrontations nécessaires, d'autre part à accentuer des pratiques autoritaristes ou directivistes en utilisant des truchements comme la rétention d'information, les décisions cachées, le mensonge, le sabordage des projets, etc.

- L'autorité fonctionne en cascade (on est à la fois le chef de quelqu'un et le subalterne de quelqu'un d'autre, et ainsi de suite) : il est bien délicat de tenir son rôle dans les situations souvent dégradées par les directions et de faire avaler des couleuvres à ses collaborateurs sans perdre sa propre crédibilité.

- Les réponses spontanées des managers concernés par cette perte d'autorité sont très souvent malheureuses et ont plutôt pour effet d'affaiblir davantage leur autorité. Ils cherchent une reprise d'influence immédiate par des expédients qui s'avèrent généralement assez désastreux.

Nous ferons un inventaire substantiel de ces mauvais « leviers » et nous en montrerons les mécanismes et les effets.

En regard, nous présenterons, dans la même grille de lecture, les leviers qui sont efficaces et qui facilitent les relations pour tous les protagonistes.

Dans tous les types de systèmes, l'autorité est systématiquement mise en cause : de la famille à l'État en passant par le milieu sportif, de la justice aux structures éducatives. L'obéissance n'est plus ce qu'elle était et la légitimité des fonctions d'autorité n'est plus reconnue *a priori* : elle est condamnée à être justifiée.

Démocratie, participation, humanisme, empathie, égalité, équité, cogestion, état de droit etc., sont autant de concepts qui, diversement interprétés et intégrés, contribuent à nourrir un sentiment de liberté individuelle face aux contraintes de toutes sortes. Désormais chacun, dès la petite enfance, aurait le droit de mener sa vie à sa guise, sans avoir à se conformer à l'ordre social.

De l'impuissance à la coercition

De fait, on assiste assez généralement à un double phénomène : la résistance et l'imposition abusive de l'autorité.

La résistance s'organise et s'amplifie

Les capacités de résistance des assujettis, enfants, subalternes et autres managés, augmentent sensiblement. Elles trouvent des leviers inédits dans les nouvelles formes d'organisation du monde et les modes de communication récents. Les autorités « rament », rencontrent des résistances, peinent à imposer leurs directives comme leur volonté. Elles constatent régulièrement l'échec des injonctions ou des suppliques.

Il est d'ailleurs remarquable que chacun d'entre nous, selon son statut, soit en situation de dépendance vis-à-vis d'autorités très différentes et toujours plus nombreuses : État (sous toutes ses formes d'intervention), territoires, organismes sociaux, école, hiérarchie, famille, associations, etc. Il reste peu d'espaces de vie où l'on ne se trouve pas sous la coupe de quelqu'un ou de quelque chose qui nous impose ses règles et ses diktats.

Il est également remarquable que de nouveaux systèmes de contraintes, issus du progrès (logiciels, sécurité, épargne, assurances, santé, emploi, communications, énergie, déplacements, etc.), soient portés par des sortes de « fournisseurs » de taille nationale ou internationale, à la fois marchands et institutionnels. Ces organisations semblent jouir d'une latitude tout à fait extraordinaire pour concevoir leurs modalités de fonctionnement et leurs prestations. Particulièrement dominatrices et captivantes, elles nous noient dans la complexité de figures techniques incompréhensibles, se rendent inaccessibles et nous imposent leurs coûts, leurs produits, leurs règles absconses et leurs arcanes. Ces entités qui nous contraignent surfent sur la vague toujours plus frénétique de l'inflation législative et réglementariste des sociétés développées.

Il paraît donc assez naturel qu'on essaie de desserrer les étreintes partout où c'est possible, pour recouvrer un peu de latitude, sinon de liberté.

Paradoxalement, pour retrouver des marges de manœuvre ou de liberté, on s'organise en créant des structures spécifiques de défense, telles les organisations de consommateurs, les associations d'utilisateurs ou les mouvements politiques. Ces structures, souvent elles-mêmes fortement réglementées, deviennent de nouveaux espaces de coercition pour leurs adhérents. Ceux-ci bataillent pour obtenir de nouvelles lois, qui s'imposeront à eux comme à tous les autres. Les systèmes d'autorité se multiplient aussi vite que les nouveautés techniques et sociales ; leurs pendants, voués à la « défense », se multiplient également.

Des deux côtés, celui du système comme celui de la défense, les forces d'autorité s'élaborent au nom commun de la protection de quelqu'un ou de quelque chose : la pérennité d'un nom, des intérêts financiers, l'emploi, l'ordre moral, la sécurité des personnes, la qualité des produits, la santé, les résultats, etc. L'autorité se crée toujours contre la menace d'un phénomène dégradant ou contre l'auteur d'une distorsion potentielle ou avérée.

La charge d'autorité subie par tous augmente donc de façon régulière et presque vertigineuse. On ne sait plus où donner du dos. En conséquence, les charges d'exercice de l'autorité augmentent elles aussi.

Cependant, les tutelles et règles anciennes, parfois obsolètes, n'ont pas disparu pour autant.

L'exemple des structures territoriales est édifiant. Il y a encore peu de temps, elles étaient trois : la commune, le département et l'État. Aujourd'hui leur nombre a doublé, car s'y ajoutent la communauté de communes, la région et l'Europe.

Finalement, l'individu ordinaire se trouve empêtré dans une toile de plus en plus serrée et oppressante. Certains s'y font, d'autres tentent de s'en affranchir autant que possible. Pour ces derniers, la démarche est assez simple : faire céder le tissu là où les mailles apparaissent les plus distendues. Cette résistance pourra s'exercer à l'abri de la foule anonyme, lors des manifestations de rue, sur une route de campagne la nuit quand les gendarmes dorment, etc.

Le lecteur pourrait croire que nous expliquons l'infraction à l'autorité par le besoin plus ou moins gratuit d'échapper à sa prégnance. Mais non, la résistance est presque toujours motivée par la satisfaction de besoins très substantiels. Il est cependant raisonnable de penser que le désir de rébellion est aiguisé par l'accentuation et la complication de la pression réglementaire.

D'autant que cette prolifération des systèmes de contraintes a lieu dans la plus totale cacophonie. Chacun des créateurs ou pilotes de ces tutelles se contrefiche complètement des interférences comme des contradictions qu'elles génèrent pour le citoyen moyen. Les horaires très obligatoires de l'école ignorent royalement la manie des cadres supérieurs d'organiser des réunions incontournables à 19 heures. Mais quand les instituteurs (qui disposent d'une capacité de résistance à leur tutelle tout à fait extraordinaire) choisissent pour une raison quelconque de ne pas faire classe, ils ne conçoivent pas que les parents ne puissent pas (eux aussi) quitter leurs postes, afin de récupérer leurs enfants.

Finalement, toutes ces autorités qui s'enchevêtrent dans le quotidien paraissent aveugles et sourdes, stupides d'être « monotâche », et somme toute assez violentes dans les poursuites séparées de leurs uniques obsessions. Ajoutons qu'elles seront d'autant plus illégitimes qu'elles sont plus grosses, plus globales et plus inaccessibles à la prise en compte des équilibres et des histoires individuelles.

On est désormais très loin de l'époque où l'écheveau des autorités se résumait à un ensemble cohérent et articulé de systèmes sociaux à portée de voix des récriminations individuelles : la famille, le curé, le maire, le gendarme, la propriété et les us et coutumes. L'explosion (dans les deux sens du terme) des systèmes d'autorité est en partie responsable de l'explosion croissante des résistances.

La pression et les expédients en retour

Dans ces conditions, il apparaît que le jeu des autorités est très concurrentiel !

Lorsqu'il lui devient presque inhumain d'obéir simultanément à tout le monde, l'individu fait son marché et privilégie la satisfaction de certains de ses maîtres.

On reviendra en détail sur les ressorts de cette acceptation, voire de ces attachements. Il est clair que ces choix ne sont pas innocents et que l'exercice de la force brutale (même enrobée dans de doux propos) ne contribue pas à consolider les liens d'obéissance.

Une tutelle qui veut être respectée doit soigner les paramètres de sa légitimité et prendre en compte les besoins de ses ressortissants, mieux que ne le font les autres tutelles. Car le ressortissant est désormais une sorte de « client captif mais multicarte » qui a toujours le loisir de pondérer son énergie et ses bonnes intentions en faveur de telle ou telle tutelle. Comment croire qu'il pourrait préférer celle qui lui fait bêtement du mal ?

L'observation courante nous montre pourtant que les autorités compensent leur impuissance (dans la prise d'influence directe) par des expédients et des manipulations : décider sans prévenir, faire de fausses consultations, bousculer les plannings, diviser, ne pas signer, ignorer les demandes, déménager, justifier des refus au nom de la sécurité, retirer des attributions, rogner sur les moyens, etc. Les mauvais truchements ne manquent pas pour circonscrire les événements et punir les acteurs dépendants. Ceux-ci s'en ressentent ballottés, maltraités par des autorités de plus en plus distantes et méprisantes, considérées comme incompétentes, sinon perverses.

Du coup, nos administrés, syndiqués, managés, adolescents, clients, patients, salariés et autres élèves compensent de leur côté en s'arcboutant sur les libellés de leurs droits, sur les instances de protection et de formalisation des conflits. Puis ils s'organisent et tendent systématiquement à établir des rapports de force, dans les zones de droit et au-delà, pour échapper aux règles, emporter la permission de les enfreindre ou obtenir l'abandon pur et simple des obligations.

Dans ce jeu paradoxal de la pression de l'autorité contre la tension créée par la résistance, c'est souvent l'autorité qui finit par lâcher, sombrant dans l'évitement, la concession démagogique, l'attentisme, voire la passivité systématique : à ne rien exiger, on ne risque pas d'être désavoué. On peut ainsi laisser les enfants se gaver de n'importe quoi en toutes quantités à n'importe quelle heure, ou laisser les « bras cassés » s'abandonner à la paresse et faire subir à leurs collègues leurs sempiternelles récriminations.

Le plus souvent, les autorités impuissantes finissent par tout mélanger : lâcheté, autoritarisme cassant, manipulation, concessions périphériques, faux-semblants et reports.

Échaudée par ses revers précédents, l'autorité tente des coups et essaye de passer en force. Ça passe ou ça casse. Et souvent ça casse ! Mais on recommence, à défaut d'une autre stratégie. Ce qui, bien entendu, renforce les résistances des populations de ressortissants, qui connaissent l'efficacité de la pugnacité, patientes et convaincues par expérience de l'issue victorieuse. Les très impressionnantes capitulations successives de l'État en sont l'illustration parfaite. Les responsables politiques, égarés dans leur élitisme, montrent tous les jours leur incompréhension très primaire du phénomène de résistance et rejouent une version chaque fois renouvelée du même numéro, affichant d'abord une détermination sans failles, avant de voir s'élargir mois après mois le spectre de leur impuissance, jusqu'au moment où ils sont remplacés par d'autres qui, à leur tour, vont monter au créneau et s'époumoner en attendant de devoir céder à leur heure sous les huées et les quolibets.

Le cas des autorités politiques est très particulier : elles sont les seules à pouvoir potentiellement intervenir sur l'ensemble des autres systèmes d'autorité.

Malheureusement, engoncées dans leur propre faiblesse, elles n'entrevoient pas l'opportunité dont elles disposent pour conduire un changement considérable dans la vie des gens. De notre point de vue, ce serait une politique vraiment novatrice et sensible que de réduire et de simplifier la pression des systèmes d'autorité, afin de la ramener à une dimension viable pour l'individu. Et aussi d'en assurer l'arbitrage, la qualité, la mise en cohérence et la régulation au bénéfice de nos « ressortissants captifs multicartes ». Mais avant d'assumer une telle ambition, l'État et l'Europe auraient déjà un lourd passif à éponger quand on considère la complexification galopante des lois.

Il arrive encore à l'autorité de s'enfoncer dans une autre voie, celle de la vengeance par la violence sociale : répression, harcèlement, réprimandes, sabotage de l'activité, dévalorisation, etc.

Dès lors, le cercle vicieux du conflit entre oppression et rébellion se met en route.

L'autorité abusive, parce que trop faible, n'est pas loin de l'autoritarisme qu'on peut considérer comme une pathologie de la relation d'autorité. Nous y reviendrons plus explicitement.

Dans cette veine, des tenants de l'autorité, en déficit d'efficacité, sont souvent tentés par le fantasme carcéral. On voit ainsi par exemple ressurgir régulièrement, à gauche comme à droite, l'idée de l'enfermement militarisé des jeunes tentés par la délinquance. C'est un truchement séduisant, qui remplace l'autorité reconnue par la contrainte physique. En augmentant la dépendance jusque dans ses limites les plus animales et les plus matérielles, il devient facile de contraindre n'importe qui à n'importe quoi. C'est un aveu d'échec d'une autorité qui a transféré sa substance à des moyens de coercition.

À défaut de savoir générer les ressorts de la discipline dans le for intérieur de ses ressortissants, l'autorité incompétente la leur impose par la violence combinée à la réclusion, aux empêchements et aux châtiments. Cette tentation est spontanée et peut apparaître indistinctement dans tous les types de systèmes : le cercle familial, les groupes sectaires, les clans de toute nature, les équipes sportives nationales, l'entreprise, les religions, comme à Guantanamo.

Il convient de remarquer ici que, dans des circonstances identiques, cette option sera prise dans certains cas et pas dans d'autres. L'observation montre que la variable qui détermine ce choix est toujours la personnalité idéologique et affective du dirigeant.

L'autorité indispensable

Pourtant les systèmes ont besoin d'autorité pour survivre, fonctionner et atteindre leurs objectifs.

À défaut, les individus poursuivent leurs intérêts particuliers et finissent par y consacrer toute leur attention et leur énergie, aux dépens du besoin collectif.

Il existe bien, en apparence, des collectifs sans chef qui fonctionnent dans l'ordre et dans la préoccupation principale du bien commun, mais ils sont rares et cela ne signifie pas que l'autorité en soit absente. Quoiqu'elle ne soit pas concentrée dans les attributions d'une personne unique, l'autorité est d'autant plus forte qu'elle est partagée entre tous et prépondérante dans l'autodiscipline que chacun s'impose.

Sans autorité agissante, les conflits se multiplient, les moyens sont accaparés par certains puis détournés et gâchés. Les objectifs communs sont abandonnés, l'iniquité devient la règle ; la pérennité voire l'identité de l'entité sont menacées.[1]

Il suffit pour s'en convaincre d'observer ce qui se passe au carrefour de deux avenues d'une grande ville française, quand les feux tricolores sont en panne. Chacun voulant passer avant les autres s'avance autant qu'il le peut, provoquant à coup sûr l'embouteillage inextricable. Ici ce sont les feux qui assurent la fonction d'autorité, mais pas seulement : il faut également que les automobilistes en respectent les instructions. Chaque automobiliste, ressortissant de l'autorité du feu, possède un petit moteur dans la tête qui lui intime de respecter les instructions contenues dans les couleurs. Et il s'y conforme, c'est un fait ! Il respecte donc de lui-même le « feu sacré », mais pas le besoin collectif d'alterner le passage. Nous sommes donc de pauvres bêtes mais bien dressées, et nous avons besoin de la présence zélée de l'autorité pour nous plier ensemble aux règles de droit.

---

1. Cet aspect est développé dans *Maîtriser les conflits* des mêmes auteurs, dans la même collection.

En forçant le passage, chacun sait bien qu'il va boucher le carrefour. Mais il sait aussi que s'il n'avance pas, les autres (dans son travers), également angoissés par la situation, ne le laisseront pas passer. Et il a de grandes chances de se faire agresser par les coups de klaxon véhéments de ceux qui le suivent... Quand l'autorité est absente, il suffit qu'une minorité des acteurs se libère de la règle pour en détruire l'efficacité et la puissance culturelle

L'exemple est intéressant et édifiant de la valeur de l'autorité. Il montre comment celle-ci préserve finalement les intérêts des individus autant que ceux des systèmes : en respectant les feux, tout le monde gagne du temps (y compris les tricheurs) en acceptant d'en perdre un petit peu.

On pourrait multiplier les exemples, on ne trouverait pas un type de situation où, sans autorité active, les participants se conformeraient spontanément et durablement aux règles collectives.

Pour en revenir à notre exemple, si personne ne sanctionnait jamais le franchissement d'un feu rouge, il est probable que le respect des feux finirait par disparaître et qu'on se retrouverait petit à petit dans la configuration du feu en panne.

Autrement dit, le respect de l'autorité disparaît spontanément quand il n'y a pas de sanction ou pas d'acteur en charge de la faire vivre.

De fait, on peut considérer l'autorité en général comme une énergie qui contraint des objectifs, des fonctionnements, des comportements. Elle est toujours exercée par un acteur pour en discipliner d'autres qui doivent s'y plier.

S'il ne leur arrive rien quand ils font l'expérience de la contrarier, mesurant son impuissance, ils seront naturellement conduits à la négliger. Dès lors, tentés par une voie divergente, ils s'en détacheront complètement : l'autorité sera morte. Plus précisément, elle sera morte pour eux. Car c'est une caractéristique essentielle de l'autorité : elle n'existe pas en soi. Quelles qu'en soient la nature et la force de coercition, l'autorité n'existe que dans le respect que lui accordent les personnes visées.

Elle a donc besoin pour survivre d'avoir des ressortissants complaisants et reconnaissants. On verra plus loin quels sont les ressorts de cette reconnaissance. L'autorité est donc d'abord une affaire de convictions et de comportements.

Mais soyons encore plus précis.

La puissance de l'autorité trouve son équilibre entre la capacité des tenants à exercer la sanction et le degré de sensibilité à la sanction de ses ressortissants.

Lorsque l'insensibilité des ressortissants domine l'usage de la sanction, ils ont reconquis leur indépendance. Pour aller un peu plus loin, on peut dire qu'ayant perdu la puissance de leur autorité, ses tenants supposés perdent en même temps, au mieux la légitimité de leur posture, au pire leur fonction elle-même. Leur titre devient une simple potiche.

Mais le plus grave est ailleurs : ce sont les objectifs de cette autorité-là qui sont balayés.

Au fond, la pratique et la tenue de l'autorité sont donc plus qu'une attribution : elles sont une obligation pour tout responsable, vis-à-vis du système qui l'a intronisé et de ses objectifs spécifiques. C'est une compétence spéciale.

Par essence, aucun système ne peut exister sans autorité. La naissance d'un système génère automatiquement la création d'un processus d'autorité et la désignation d'un tenant en charge de l'exercer.

L'autorité est donc toujours présente, plus ou moins définie, aléatoire, prégnante ou mature. Elle l'est, y compris dans les systèmes les plus informels, comme un groupe de copains, un réseau d'échanges sur Internet, une soirée de festivités après mariage, voire une course sauvage de motos sur un circuit improvisé.

L'autorité : en être, en faire ou en avoir ?

On peut dire qu'on *est* l'autorité lorsque par attribution on dispose de la décision.

On peut dire qu'on *fait* autorité lorsqu'on impose l'application des règles.

On peut dire qu'on *a* de l'autorité lorsqu'on obtient l'exécution de ce qu'on demande.

L'autorité peut donc être conçue comme :

- une position que le système nous accorde : dans ce cas l'autorité est d'ordre structurel (ex. : patron, chef de famille, évêque, entraîneur, élu, juge, etc.) ;

- une mission de discipline que le système nous confie : l'autorité est alors fonctionnelle ; ses tenants ont en charge une mission de discipline (ex. : gendarme, policier, huissier de justice, contrôleur, gardien, arbitre, tuteur, etc.) ;

- une prise d'influence qu'on prend dans le système : l'autorité est d'ordre relationnel (ex. : animateur, guide, pédagogue, formateur, leader, parent, etc.).

Évidemment, rien n'empêche que les uns soient également les autres, dans tous les sens de cumuls possibles.

Ces trois acceptions correspondent à trois dimensions très concrètes de la réalité, dont les ressorts respectifs sont *a priori* totalement indépendants les uns des autres.

Aussi, dans de très nombreux systèmes, la réalité des situations se compose des trois dimensions. C'est par exemple le cas dans la famille, dans l'église et dans l'entreprise. Cet aspect est spécifique de la problématique de l'autorité : les acteurs (du côté de ceux qui occupent la fonction comme du côté des tiers qui en dépendent) confondent régulièrement les trois dimensions et ont bien du mal à s'y retrouver pour organiser leurs comportements.

Toutes les combinaisons sont possibles.

- Beaucoup d'être et peu d'avoir, pas de faire : c'est par exemple le grand amiral, mais totalement impuissant.

- Peu (ou pas) d'être et beaucoup d'avoir et sans faire : par exemple le second couteau, mais très influent.

- Peu, et peu de tout : le subalterne dominé et frileux.

- Beaucoup, et beaucoup de tout : le capitaine légitime, leader, puissant et emblématique.

- Pas d'être, peu d'avoir et beaucoup de faire : le policier qui officie au coup par coup dans les cités de banlieue les plus dégradées.

- Etc.

L'autorité épanouie sera celle :

- dont la composition entre les deux versants institutionnels et le versant relationnel est cohérente ;

- qui ne fait pas appel à la position pour compenser des déficits d'influence ;

- qui ne cherche pas à étendre son influence au-delà de ses attributions.

On suggère ici, en contrepoint, quelques pathologies de l'autorité qui seront développées plus loin.

Les limites de l'autorité

Afin de mieux cerner la notion d'autorité, il convient de définir des principales notions apparemment proches.

Autoritarisme

L'autoritarisme revient à ériger l'autorité comme un but en soi. Le seul objectif pour le tenant est d'avoir raison. Non seulement celui-ci voudrait obtenir une obéissance totale, mais il met de l'autorité partout. Selon lui, l'exercice de l'autorité pour elle-même est censé résoudre tous les problèmes et finalement satisfaire tous les besoins, au nom du système.

Le tenant autoritaire ne supporte pas de partager la décision avec qui que ce soit. Il a un besoin viscéral de tout contrôler et de tout contraindre pour être en sécurité. Il réfute les initiatives, empêche les marges de manœuvre, interdit la différenciation individuelle, entrave les mouvements, se défie des satisfactions.

C'est la pathologie la plus primaire de l'autorité. Or cette dernière est censée privilégier les intérêts du système et des participants vis-à-vis de tout intérêt particulier. Le tenant ne peut donc pas légitimement la détourner au profit de la satisfaction exclusive de son propre système psychologique. C'est un non-sens : il exerce ainsi l'usage de sa charge au rebours de la mission qui lui a été confiée.

L'autoritarisme sape à long terme les fondements de l'autorité car il épuise inutilement les capacités d'obéissance des ressortissants.

Dominance

Cette notion issue de l'éthologie n'est pas neutre. Elle désigne une relation sociale inéquitable par essence. Le dominant y dispose d'accès et d'avantages, aux dépens du dominé. Cette inégalité s'accompagne d'une relation physique fondée sur la menace, la punition, la blessure, l'exclusion des ressources, voire le meurtre.

Dans le règne animal, les privilèges du dominant touchent à l'alimentation, à l'accès aux relations sexuelles, au confort, à la santé, à la survie, à la sécurité, bref à toutes les dimensions de la vie organique.

Dans les systèmes humains c'est également le cas ! Le droit de cuissage n'est pas tout à fait mort, ni l'esclavage. Le défoulement outrancier sur les subalternes est monnaie courante. La dominance y prend aussi des formes plus spécifiques et plus banales : le dominant occupe plus d'espace, il lui faut des équipements supplémentaires, plus de temps pour manger, plus de repos, plus de lumière, plus de silence, plus de liberté ; il délaisse les tâches ingrates, se fait servir, impose ses rythmes, ses manies, ses goûts et ses dégoûts, etc. Il s'approprie les productions et les moyens des autres. Toujours insatisfait, il dénigre ses « servants », coupe et occupe la parole, ne peut pas laisser dire, ne veut rien entendre et a toujours raison.

La dominance n'est pas l'autorité, elle en est une pratique bestiale, dégradée et dégradante. Quand un « dominant » occupe une fonction d'autorité, il peut en faire n'importe quel usage à son profit, au détriment du système comme des ressortissants.

Contrairement à l'autoritarisme, qui considère l'autorité comme une fin en soi, la dominance ne voit l'autorité que comme un moyen sans limites, sinon celles imposées par les autorités supérieures, quand elles sont actives. Ses objectifs sont très substantiels et motivés par un égoïsme basique : le dominant est en concurrence avec les dominés pour la satisfaction de besoins particuliers.

Domination

La domination est un état de relation entre des acteurs identifiés, où les protagonistes ont des niveaux de capacités différents. Capacités mentales, physiques, sociales, techniques, organiques, etc. En sport, un compétiteur peut dominer sa discipline. En classe, un élève peut dominer ses camarades sur le plan intellectuel, ou sur le plan physique, ou encore sur le plan relationnel. À la maison le mari peut dominer sa femme dans l'exercice de la cuisine.

Ici encore, la domination n'est pas nécessairement négative, ni même facteur d'autorité. Elle ne le devient que si les protagonistes en conviennent et instaurent ensemble un système d'influence mutuelle, de décision et de pilotage organisé à partir de cette différence.

C'est en général ce qui se passe dans la genèse des groupes informels.

Pouvoir

Comme l'autorité, le pouvoir est en soi une notion neutre, quoiqu'on lui donne souvent une connotation négative.

A le pouvoir celui qui « peut », autrement dit celui qui dispose des attributs de la décision et de l'action, pour lui-même, pour le système ou pour les autres. On a le pouvoir de quelque chose dès qu'on maîtrise des leviers qui le permettent. N'importe quel outil (compétence, moyen, attribution) est le support d'un pouvoir. Un adulte ayant le permis de conduire, de l'argent et un véhicule a le pouvoir d'aller où bon lui semble quand il le souhaite. Devenu parent, il a également le pouvoir de décider où et quand ses enfants peuvent aller, car ceux-ci sont bien en peine de se déplacer seuls. Ce pouvoir du déplacement devient donc potentiellement un levier de l'autorité parentale.

Tout pouvoir est un moyen de l'autorité dès lors qu'il n'est pas équitable ou partagé entre les acteurs. Dans notre exemple, cette partie d'autorité disparaît dès que l'enfant obtient son permis et trouve de quoi acheter un véhicule, une assurance et du carburant...

C'est l'usage du pouvoir qui peut être conçu comme positif ou négatif, pas sa nature.

Il fournira des *capacités de service* en étant utilisé pour la satisfaction des besoins des tiers : « J'ai une voiture, je peux vous déposer quelque part ? ».

Il fournira des *capacités de nuisance* en étant utilisé aux dépens des tiers ou du système : « Vous m'avez agacé, c'est ma voiture : vous allez donc rater votre train, je m'en réjouis d'avance... ».

Il existe donc toujours un pouvoir acquis comme support d'une autorité. Il peut être matériel, officiel, instrumental, psychologique, technique, idéologique, etc.

Mais la disposition de ce pouvoir ne garantit en rien le niveau d'autorité. Disposant du même pouvoir dans la même situation, des tenants différents pourront atteindre tous les niveaux d'autorité possibles décrits au chapitre suivant.

Puissance

À la différence du pouvoir, considéré comme une possibilité d'usage, la puissance est une capacité de résultat permise par une ressource.

Est puissant celui dont les moyens peuvent lui garantir des effets supérieurs. On peut avoir du pouvoir et peu de puissance. Celle-ci est la force associée à la performance. Elle existe naturellement en dehors des relations d'autorité et peut s'exprimer entre l'individu et son environnement, sans impliquer des tiers.

Cependant, exercée dans les relations d'autorité, la puissance va y trouver également des niveaux d'efficacité élevés : rien ne lui résiste. Encore une fois, elle n'est en soi ni positive, ni négative, et cette notion ne préjuge pas de la validité ou de la valeur des forces mises en jeu, ni des objectifs poursuivis. On peut être un puissant tout à fait monstrueux, le roi du pétrole, Einstein ou bien Gandhi.

Les personnes puissantes n'ont pas forcément le goût de l'exercice de l'autorité, qu'elles considèrent souvent comme un moyen accessoire et qu'elles délèguent facilement. Mais il arrive au contraire qu'elles se servent de leur puissance pour se livrer avec délectation à des conduites tyranniques irrépressibles.

La puissance est donc potentiellement un facteur d'amplification des pratiques d'autorité, dans le sens de leur dégradation comme de leur optimisation.

Il convient de remarquer ici que cette notion prend une acception un peu spéciale quand elle est utilisée dans le domaine des sciences humaines. On l'entend généralement au sens de « capacité d'auto-gestion » : est puissant celui qui parvient à faire de lui-même ce qui lui paraît important. Dans cette approche, lucidité, courage, affirmation, rigueur, liberté propre peuvent être des facteurs de puissance qui ne requièrent aucune sorte de pouvoir. Mais ils peuvent être des clés d'influence et de réussite bien supérieures.

Autonomie

Dans cet ouvrage, nous utiliserons cette notion en la considérant comme une capacité à *faire* dans un champ d'activité précis. Est autonome dans un domaine celui qui peut faire ses choix, prendre des décisions, s'organiser, se mobiliser, atteindre son but sans avoir besoin d'une intervention extérieure. Vue sous cet angle, l'autonomie est donc un potentiel. Mais elle ne garantit pas la liberté de l'individu pour pouvoir l'exercer. On peut être autonome et ne pas pouvoir conduire à sa guise l'activité concernée. On peut au contraire être livré à soi-même sans être autonome. Autonomie et autorité sont donc sans rapport de nature.

Cependant, on pourra parler de perte d'autonomie à partir du moment où une autorité empêchera un individu d'exercer des choix à la mesure de ses compétences.

Le ressortissant pourra disposer de très larges champs d'autonomie en marge ou au cœur des domaines concernés par l'autorité.

Enfin, il peut toujours y avoir une confusion naturelle entre « autonomie par rapport à une activité » et « autonomie vis-à-vis d'une autorité ». Cette confusion se produit lorsque l'autorité s'exerce par définition sur un champ d'activité précis et qu'elle contraint artificiellement l'individu malgré ses compétences.

> Un exemple : un enfant de sept ans va à la piscine avec l'école. Il sait parfaitement nager, plonger et descendre à trois mètres de fond ; pourtant il sera quand même obligé de mettre la ceinture flottante en raison des règles de sécurité et de la prise de risque des personnels d'encadrement (assurance oblige !). Il ne peut dès lors même plus nager sous l'eau. Il est autonome, en termes de capacités, pour évoluer librement dans le bassin ; mais il n'est pas autonome, vis-à-vis de l'institution scolaire, pour évoluer au niveau de ses compétences.

Dans le monde de l'entreprise, on raisonne fréquemment en termes d'autonomie vis-à-vis de l'autorité, ce qui est pertinent, plus spéciale-ment dans le cas où il s'agit d'activités complexes, variables, non répétitives ou non calibrées pour la somme des raisons suivantes :

- tout le monde participe aux mêmes processus ; malgré les compé-tences existantes, il faut donc finement se répartir les prises d'autorité ;

- plusieurs niveaux hiérarchiques contribuent à l'autorité mais tous ne décident pas de la même chose, quoique les affectations des individus pourraient parfois être interverties ;

- il est impossible de contrôler et de maîtriser en détail toutes les exécutions. Il faut bien laisser des marges de pilotage et d'auto-contrôle aux acteurs.

Dépendance/Indépendance

La dépendance et l'indépendance sont ici définies par rapport à l'auto-rité. On considère qu'une personne est indépendante dans un domaine si elle dispose de toute latitude pour y prendre et y exécuter toutes les décisions la concernant, sans que quelqu'un puisse, légiti-mement ou non, les contrarier.

En revanche, on considère qu'elle est dépendante dès lors qu'un tiers peut lui imposer un autre choix ou empêcher l'exécution des siens.

Dans notre approche, un individu peut donc être à la fois autonome et dépendant. Il y a des dépendances choisies mais la plupart sont contraintes.

L'autonomie est déterminée par la combinaison de facteurs externes (des moyens) et de facteurs internes (des compétences). La dépen-dance est toujours imposée par un moyen dont ne dispose pas la personne dépendante, mais dont dispose effectivement l'autorité.

Si la personne a un besoin très fort mais qu'elle ne peut le satisfaire que par le bon vouloir d'un tiers, elle en est extrêmement dépendante.

Si, au contraire, son besoin est accessoire ou qu'il lui suffit d'insister un peu pour avoir accès au facteur de satisfaction, de fait elle est indépendante.

Plus le rapport entre sa capacité d'accéder à la satisfaction et l'importance du besoin sera faible pour le ressortissant, plus la puissance de l'autorité sur lui sera grande. On voit bien l'usage que peuvent en faire les dominants.

Obédience

Nous avons emprunté ce mot à une ancienne terminologie religieuse. Dans notre propos, il désignera d'une façon générale l'acceptation de l'autorité par une personne ainsi que sa « soumission » effective. « Soumission » étant trop fort, « obéissance » trop limité, le terme « obédience » peut recouvrir la position globale du ressortissant dans tous les cas de figure. On considérera qu'il est neutre et énonce seulement un état de fait.

Chapitre 2

L'autorité relationnelle

Équation de l'autorité

L'autorité est définie ici comme un état de l'influence qu'on a sur les personnes qui peut être représentée par le rapport suivant :

Autorité = ce qui est obtenu/ce qui est demandé

On peut ainsi mesurer son autorité réelle par l'écart entre ce qui est exécuté et ce qu'on avait demandé, ordonné ou requis.

De ce point de vue, l'autorité est donc un état de fait objectif des relations entre tenant et dépendant (qu'il soit contraint ou volontaire). Et cet état de fait n'a que peu de rapport avec la position officielle qu'on détient. Un chef bardé de prérogatives peut très bien avoir une autorité nulle ; à l'inverse, une personne sans aucune attribution officielle peut avoir un ascendant considérable sur son entourage, y compris sur ses supérieurs hiérarchiques, et les mener par le bout du nez.

Niveaux d'autorité

Mettons ce principe en application et voyons comment il se décline (la lettre A correspond au niveau d'autorité).

A > 1	On obtient plus et sans avoir à demander	Leadership
A = 1	On obtient tout ce qu'on demande	Accord
A < 1	**On obtient toujours moins que ce qu'on demande**	**Résistance**
A = 0	On n'obtient rien de ce qu'on demande	Rejet
A < 0	On obtient le contraire de ce qu'on demande	Conflit

A < 1 : Résistance à l'autorité

Le milieu du tableau (en gras) correspond à la situation la plus fréquente des autorités en tout genre.

On n'obtient pas tout ce qu'on veut, pas tout de suite et pas sans devoir insister. Le plus souvent, la réalisation est incomplète ou imparfaitement conforme dans le détail, et requiert le recadrage des instructions. C'est le cas de la plupart des parents, des managers et des instances de gouvernance de toute espèce.

Plus près du niveau A = 1, il suffit généralement de réitérer sa requête pour obtenir gain de cause, et de jeter un œil à mi-parcours pour garantir une réalisation satisfaisante de la chose demandée. C'est certes un peu lassant mais c'est viable. Avec un peu de chance, à la longue, la répétition finit par ne plus être utile : l'obéissance peut être stabilisée. Cela dit, si le tenant est trop longuement absent ou trop éloigné physiquement du ressortissant, le niveau d'autorité s'effritera lentement pour se rapprocher du degré zéro. Car c'est par la fréquence et par la prégnance de ses interventions que le tenant obtient les exécutions.

Plus près de A = 0, il faut batailler beaucoup pour récolter très peu ; et pour peu qu'on s'éloigne, il faut recommencer... Ce niveau d'autorité, proche de zéro, est rédhibitoire pour le management à distance, car, dans cette zone d'autorité entre zéro et un, la proximité est un facteur indispensable d'efficacité. Les coûts énergétiques, psychiques et temporels y sont considérables. Rien n'est jamais acquis, ni fini vraiment, ni conforme, ni satisfaisant.

Entre zéro et un, tous les degrés sont possibles.

Confronté à cette situation, un tenant de type dominant ne peut en aucun cas atteindre au leadership et génère chez ses ressortissants au moins autant d'aversion qu'il impose de servitude. Il obtient généralement *a minima* un niveau d'autorité moyen car il est toujours prêt à aller un peu plus loin dans les mauvais traitements pour réduire les résistances.

Mais si la dominance suscite souvent la résistance, et qu'elle l'amplifie dans tous les cas, elle n'en est pas la cause exclusive.

A = 1 : Accord avec l'autorité

Il suffit ici de rappeler les rôles, de donner les instructions, de demander des réalisations pour que la réponse obtenue soit automatiquement « oui » et qu'elle soit naturellement suivie d'un passage à l'action conforme. Ah, si tous les chefs de quelque chose pouvaient atteindre ce niveau, qui semble pourtant être celui de la situation de référence normale ! Mais c'est bien rare.

Les interlocuteurs concernés y sont autonomes. Leur intention d'obtempérer est évidente. Ils assurent eux-mêmes le contrôle de leur réalisation.

Il n'y a pas de degrés dans ce niveau : il est homogène par définition. On peut d'ailleurs le considérer comme un seuil.

A = 0 : Rejet de l'autorité

À l'autre bout, on peut se retrouver dans une situation inverse, où l'opposition est systématique. Le chef peut bien s'agiter, faire des moulinets, menacer, supplier, appeler à sa rescousse la force publique, houspiller, rien n'y fait. Ce sera niet ! Et l'ordre ne sera pas exécuté. C'est patent, l'autorité est nulle. L'autre a reconquis son indépendance et le chef est démuni.

Et s'il arrive que le ressortissant soit d'accord, il ne faut surtout pas qu'on lui en ait donné l'ordre. Ce ne peut être que le fruit de sa seule volonté.

C'est une situation bien difficile à accepter et à vivre, surtout quand on n'a pas choisi ses interlocuteurs (ce qui est le cas la plupart du temps : managés, écoliers, clients, patients etc.) et qu'on est censé continuer à les « gérer ».

Cette situation débouche bien souvent sur un mauvais arrangement implicite, où de toute façon le chef tolère malgré lui l'insoumission de son contradicteur, pour maintenir les apparences et sa position.

Il n'existe pas non plus de degrés à ce niveau.

A < 0 : Conflit avec l'autorité

Mais il y a pire. Non seulement on n'obtient pas ce qu'on demande, mais on obtient le contraire. Le niveau de la sono ne baisse pas comme on l'avait demandé : il augmente brutalement. La tâche confiée est abandonnée et les éléments sont perdus.

Dans ce niveau d'autorité dégradée, c'est le ressortissant qui punit le tenant de sa tentative d'exercice de l'autorité. Il peut le faire par tous les modes possibles : le sabotage pur et simple, la contestation véhémente, la campagne de dénigrement, l'insulte, l'agression, le retour de la charge au demandeur, etc.

En l'occurrence, il ne recherche pas l'indépendance mais l'inversion des rôles : à lui le pouvoir, plus précisément la capacité de nuisance.

Selon la nature des motivations de notre insurgé conquérant, les degrés de négation de l'autorité peuvent rester proches du niveau zéro ou parfois atteindre des profondeurs abyssales.[1]

A > 1 : Leadership

Il arrive enfin, tout au contraire, que le niveau d'autorité dépasse celui de la simple obéissance. C'est la situation où il n'y a plus besoin de demander, où nos ressortissants deviennent des partenaires volontaires, où d'eux-mêmes ils tentent de répondre à nos besoins, à nos attentes. Dès lors, il n'y a plus de nécessité à répéter. Il leur suffit de savoir ce qu'on attend d'eux pour le faire, en fonction de leurs capaci-

---

1. Le fonctionnement particulier des personnes en opposition systématique est développé dans *Gérer les personnalités difficiles* dans la même collection.

tés et de nos désirs. Ils anticipent les obligations qui leurs reviennent, comme ce qui nous conviendra. Le rêve !

À ce niveau, le tenant de l'autorité n'est pas innocent. Le leadership ne fonctionne pas sans une certaine dimension de reconnaissance, voire d'attachement à la personne. Tel tenant atteint le leadership là où un autre resterait en retrait.

Le tenant autoritaire rêve d'être un leader mais, par essence, il ne pourra jamais y parvenir. Il peut en revanche, plus velléitaire qu'efficace, malgré son agitation tyrannique, s'enfoncer dans les profondeurs des niveaux d'autorité les plus bas.

Évaluation de son autorité

Pour établir le profil d'autorité du tenant vis-à-vis de son équipe, nous prendrons comme terrain d'analyse celui du management, qui présente les avantages du nombre des collaborateurs, de la rotation possible des tenants pour la même équipe et de la démultiplication d'unités identiques.

Le tenant de l'autorité a plusieurs ressortissants dans la même position sous sa dépendance. Il peut être changé alors que son équipe reste stable (un autre cadre est nommé manager) ; les équipes d'unités comparables ont des managers différents.

Voyons ce qui se passe.

Du point de vue du manager

Le constat est clair : le manager n'a pas le même degré d'autorité avec tout le monde, ni dans tous les domaines, ni à tout moment. Son autorité ne dépend donc pas que de lui, elle dépend en partie des personnalités de ses ressortissants. Ainsi, elle sera systématiquement plutôt hétérogène, d'autant plus lorsque son équipe sera nombreuse.

On peut établir le profil d'autorité du tenant vis-à-vis de son équipe (ce profil sera valable quel que soit le tenant ou le groupe considéré). Chacun a pu observer par exemple que dans une même famille, l'autorité acquise est souvent très variable d'un enfant à un autre.

___ Faites le point ___

Le tableau suivant vous permettra d'évaluer l'autorité acquise sur les membres de votre équipe. Cochez les cases correspondant au niveau d'autorité le plus faible que vous êtes certain d'avoir en toutes circonstances vis-à-vis de chacun de vos collaborateurs.

Niveaux d'autorité	Collaborateurs						
	A	B	C	D	E	F	G
Leadership							
Accord							
Résistant							
Rejet							
Conflit							

Du point de vue des managés

Les membres d'une même équipe pourront adopter des comportements d'obéissance différents avec tel ou tel manager.

Certains managés sont comme insensibles à la personnalité de leur chef : leur degré d'acceptation de l'autorité tient à des paramètres d'ordre purement social et idéologique. D'autres, au contraire, sont sensibles aux personnalités et aux comportements professionnels de leurs chefs successifs.

D'une certaine façon, on retrouvera les mêmes phénomènes lors de la recomposition des familles, en changeant d'instituteur, de maire, de curé, etc.

Faites le point

Le tableau suivant propose un exemple des niveaux d'autorités différents obtenus par trois managers successifs, X, Y et Z, avec la même
équipe. Cette grille d'observation des niveaux d'autorité est une matrice
d'évaluation révélatrice des potentiels d'autorité de chacun des tenants.
C'est d'abord pour le manager un outil d'autoévaluation.

Les lettres dans les cases signalent les degrés d'autorité atteints par
chaque manager vis-à-vis de chaque collaborateur.

Niveaux d'autorité	Collaborateurs						
	A	B	C	D	E	F	G
Leadership	X Y	Y		Y		Y	
Accord		X	Y		XY	XZ	
Résistant		Z	X Z				
Rejet	Z			XZ			Y
Conflit					Z		XZ

Les managers successifs X, Y, Z, ne tireront pas les mêmes degrés
d'engagement et d'adhésion de l'équipe.

On peut voir que, passant après X, le manager Y se construira un niveau
d'autorité globalement très supérieur à son prédécesseur, avec les
mêmes collaborateurs, sauf vis-à-vis du collaborateur G, connu par
exemple pour son caractère exécrable et ses obsessions paranoïaques.

À l'inverse, le manager Z parviendra à un niveau général considérablement dégradé, n'obtenant le niveau *accord* qu'auprès du collaborateur F
connu, par exemple, pour son légitimisme et sa crainte viscérale de la
hiérarchie.

Du point de vue du système

Si l'on observe en parallèle ce qui se passe dans plusieurs ateliers ayant des activités et des équipes de taille identique, managées par des chefs ayant tous le même statut, on relèvera des différences comparables à celles qu'on vient de décrire.

Dans tel atelier, le manager aura un niveau d'autorité élevé et homogène, peu affecté par les différences de personnalité de ses collaborateurs.

Dans un autre, son collègue manager aura au contraire des niveaux d'autorité très disparates, fortement affectés par les différences de personnalité de ses collaborateurs.

Dans un troisième, le manager aura un niveau d'autorité globalement très bas, y compris avec des collaborateurs attachés à l'entreprise et à leur métier.

Et si les managers échangent leurs équipes ils rétabliront, à peu de choses près, au bout d'un certain temps, le profil qu'ils avaient dans l'équipe précédente. En changeant d'entité, les tenants de l'autorité portent ainsi avec eux un profil d'influence qui leur est bien particulier.

De fait, la tendance générale de ce profil qu'ils traînent partout, dépend moins de la distribution des personnalités de leurs ressortissants que de la leur !

En haut et en bas de l'échelle, ces profils varient assez peu en fonction des ressortissants. Ils y sont plus sensibles à mi-chemin : en changeant d'équipe, le manager peut « faire le yoyo » au gré de ses rencontres.

L'autorité, comment ça marche ?

La mesure de l'autorité nous apporte un enseignement plutôt conséquent : à position sociale égale, certaines personnes y arrivent, d'autres pas ! Et ceci nous amène à une question tout aussi forte :

comment font ceux qui réussissent là où d'autres échouent ? Nos observations nous ont menés aux conclusions suivantes :

- ceux qui réussissent utilisent les mêmes leviers, et tous ceux qui échouent utilisent les mêmes types d'expédients ;
- leviers et expédients sont très concrets, à la portée de tous et exploitables, sans rapport direct avec la configuration psychologique des uns et des autres ;
- ces leviers sont identifiés, faciles à retrouver.

Nous allons maintenant les développer.

Qu'est-ce qui fait qu'on se plie à l'autorité ?

En se plaçant du point de vue de la motivation des personnes dépendantes, on peut dresser une typologie des ressorts de l'obéisssance.

L'inventaire ci-dessous est taillé à grands traits. Il pourrait très légitimement être défini autrement et avec d'autres mots. Il s'agit de repères que le lecteur pourra utiliser pour élaborer sa propre grille.

La peur

Sous toutes ses formes, elle contribue à la plupart des obédiences. On se soumet à l'autorité parce qu'on craint les effets de l'infraction ou de la désobéissance. Toutes les raisons d'avoir peur peuvent être d'excellents leviers. Peur physique, peur de manquer, peur du vide, peur du noir, peur de l'avenir, peur de réussir, peur de la solitude, etc. Généralement, ce ressort ne suffit pas à assurer la pérennité et surtout l'efficacité de l'autorité. Que la crainte disparaisse, et l'autorité s'évanouit. Seul, ce ressort exige donc un maintien permanent et lourd de son expression, de ses supports et de ses sanctions.

Ce ressort fonctionne à la mesure du degré d'appréhension des ressortissants. Il peut donc être tentant pour un tenant cherchant à assurer sa prise d'augmenter la peur de ses ressortissants, pour augmenter leur dépendance, ce qui le conduira naturellement à exacerber les sanctions pour des vétilles. Ce ressort est donc directement contraire au développement de l'autonomie. C'est le ressort favori des tenants autoritaires et des dominants.

La sécurité

Elle est en quelque sorte l'autre face du ressort précédent. On se réfugie dans le giron d'une autorité car on y trouve une protection vis-à-vis d'un environnement perçu comme dangereux. L'obédience est le prix consenti au profit qu'on en tire.

Les personnes qui ont un niveau de sécurité personnel très faible activent spontanément ce ressort dans tous les systèmes auxquels elles participent. Toute évocation d'un gain de sécurité quelconque les attire, y compris en dehors des domaines où leur besoin de sécurité est le plus sensible.

En revanche, les personnes ayant un niveau de sécurité personnel assez fort ne seront motivées par ce ressort qu'exceptionnellement, dans un but bien précis, en toute lucidité. Et, ce faisant, elles veilleront à limiter leur dépendance et à dénoncer toute tentative de dominance.

L'intérêt

On concède à l'autorité ce qu'elle attend de nous car on en attend quelque chose en retour. Par exemple, en politique, pour être désigné comme candidat, il faut bien se plier au programme comme aux arcanes des systèmes de sélection et de préférence. Dans la famille, l'adolescent rentre à l'heure pour obtenir enfin le scooter de ses rêves à son prochain anniversaire. Couplé avec les précédents, l'activation de ce ressort est assez efficace. Mais il est fondé en général sur une dépendance sociale (famille, entreprise, etc.) qui en s'effritant (séparation, maturation, affirmation, etc.) fait disparaître toute autorité.

La morale

On se plie à l'autorité parce que c'est dans l'ordre reconnu des choses. En la respectant, on se respecte soi-même et on vit en harmonie selon des valeurs partagées. Prenons l'exemple du religieux pratiquant : si l'on considère les ressorts de la peur ou de la sécurité, nous pourrions dire qu'il participe aux offices par crainte de son devenir dans l'au-delà, ou pour être bien vu de la communauté. En revanche, sous l'angle de la morale, il le fait par pure conviction religieuse, sans crainte ni intérêt. Ce type de ressort est puissant, pérenne, et très économe pour l'autorité. Il présente également l'avantage du prosélytisme : chacun fait respecter la règle par les autres. Plus encore, il est solidaire de l'autorité en elle-même : quoi qu'elle dise, fasse ou exige, elle est légitime tant qu'elle se coule dans le cadre des valeurs convenues.

L'activation de ce ressort a cependant un inconvénient de taille : elle ne fonctionne qu'avec ceux qui sont imprégnés de ces valeurs. Pour d'autres personnes, l'autorité doit au mieux se contenter de l'indifférence, au pire supporter le déni, la contestation, voire le conflit. Si le coût d'exercice de ce ressort est faible, en contrepartie, le coût initial en éducation est considérable. Ce ressort ne fonctionne donc pas à courte échéance et ne résiste pas aux changements idéologiques.

L'implication sociale

C'est un principe de vie : on respecte d'emblée toutes les autorités des systèmes dans lesquels on s'engage. L'obéissance est déterminée par l'engagement personnel. Le principe est le suivant : si je choisis de pénétrer dans un système, j'en accepte les règles *a priori* et je me conforme à l'autorité ; si ça ne me convient pas, je le quitte. Au fond, ce ressort est assez pragmatique dans son adaptation aux réalités de toutes sortes. C'est une façon de vivre. Il procure les avantages de la rapidité et de la qualité de l'intégration, et donc de l'efficacité immédiate, quasi spontanée, des relations ; il présente en outre l'avantage pour l'autorité de pouvoir s'exercer dans la durée.

On peut considérer que les ressortissants qui fonctionnent ainsi développent une compétence spécifique, en cumulant les expériences d'obédiences diverses, pour rentrer facilement et confortablement dans tous les cadres.

C'est probablement le plus puissant de tous les ressorts, celui qui offre le meilleur rendement car l'autorité y est optimale, sans qu'elle ait rien à faire pour s'affirmer.

Mais l'implication sociale a également ses revers. Tout d'abord, on ne peut pas équiper un ressortissant de ce ressort s'il en est démuni : c'est donc un problème de recrutement. Ensuite, il ne faut pas oublier que cette compétence présente un revers potentiel pour l'autorité qui cherche à s'exercer : le libre-arbitre.

L'implication revêt encore une difficulté particulière : pour les ressortissants impliqués, elle cohabite extrêmement mal avec la mise en place de leviers faisant appel à la peur et à la morale. À trop en user, l'autorité risque de perdre ces ressortissants.

Enfin, le ressortissant impliqué est tout à fait capable de rompre son obédience dès qu'il estime que l'autorité a outrepassé ses attributions, qu'elle devient abusive, incompétente, ou qu'elle a échoué dans ses stratégies. Finalement, il se met à la place du système pour évaluer le tenant et peut le disqualifier. Dans ce cas d'autorité dégradée, si l'autorité et la personne du tenant sont inséparables, il peut choisir de de remettre en cause ou de quitter le système. Ou encore, il entreprend de faire changer la personne du tenant pour rétablir une autorité plus légitime.

L'attachement

On respecte l'autorité pour faire partie du groupe ou pour rester près de la personne aimée. L'obédience est une contrepartie de l'appartenance. C'est un ressort affectif déterminant dans la pérennité de la plupart des groupes informels. On peut l'envisager comme l'activation d'une peur très particulière : celle de l'exclusion, qui ne fonctionne que vis-à-vis d'une personne ou d'un groupe humain identifiés.

Une caractéristique spéciale de ce ressort, c'est qu'il peut potentiellement s'accommoder de n'importe quel mode ou pratique de l'autorité. La personne dépendante pourra accepter de se conformer à des comportements ou à des formes de sujétion qui la choqueraient en d'autres circonstances, voire contraires à ses convictions, ou qui dépassent les limites de ce qu'elle accepterait de n'importe quelle autre autorité. La profondeur de la dépendance affective déterminera le degré de cette abnégation. Évidemment, la disparition de la dépendance entraînera un recadrage brutal et immédiat des règles de conduite de la part du ressortissant libéré. Elle entraînera également une démarche de réparation radicale de toutes les avanies subies. C'est un phénomène assez banal lors des ruptures amoureuses (où l'un des deux avait pris le dessus), des séparations familiales, des défections sectaires.

On comprend pourquoi un tenant de l'autorité tenté par la dominance et enclin à l'exploitation de ce ressort, s'échinera de façon obsessionnelle à entretenir le lien par n'importe quel moyen : il a tout à gagner à maintenir ce lien et tout à craindre à le laisser se dissoudre.

Naturellement, parmi les moyens disponibles, il privilégiera : l'isolement, l'emphase affective, la culpabilisation et la mise en place simultanée d'autres dépendances sur des champs fondamentaux de l'autonomie sociale (financier, matériel, administratif, déplacements, communications, etc.).

Cela dit, ces moyens sont fréquemment mis en jeu dans des types de situations *a priori* non affectives dans leurs finalités, comme dans l'entreprise, dans le cadre de l'activité politique, de l'action policière, des études, ou du respect des prescriptions médicales. Et ils le sont encore plus systématiquement dans des contextes dont la dimension affective est une composante naturelle : l'activité sportive, la religion, les associations de toutes sortes.

Ce ressort peut avoir un autre effet, paradoxal. Une personne peut en effet se mettre elle-même en position de dépendance vis-à-vis d'une autre et lui imposer d'assumer une position d'autorité que celle-ci n'a pas voulue.

Ce ressort peut être très fort, mais il n'est pas économique pour le tenant, qui doit consacrer beaucoup d'efforts à son entretien. En outre, il est aléatoire et totalement dépendant des structures psychologiques des ressortissants visés. Certains y sont totalement réfractaires.

Plus que les autres ressorts, il peut fonctionner en négatif autant qu'en positif, selon la personne du candidat tenant. Autrement dit, deux tenants concurrents qui tenteraient de susciter ce ressort pour obtenir l'obédience d'une personne pourraient avoir des résultats opposés. C'est ce qui arrive souvent aux « beaux-pères » ou « belles-mères », nouveaux compagnons des familles recomposées. L'un sera immédiatement adopté et obtiendra un niveau d'autorité élevé, l'autre sera tout aussi rapidement rejeté.

Il convient encore de remarquer que ce ressort amplifie et complique les effets de groupes. Outre les divergences dont on vient de parler, il a des répercussions entre les ressortissants qui sont « ingérables » pour le tenant : concurrence pour la proximité du tenant, jalousies, tentatives de hiérarchisation des positions, conflits.

La légitimation du tenant

On respecte l'autorité d'une personne parce qu'on lui reconnaît une qualité ou une dimension qui lui donne raison.

Ce ressort peut être activé dès lors qu'on poursuit un but commun ou qu'on partage le goût d'une même activité. Il est souvent très vivace dans les milieux sportifs, les associations, la recherche, l'enseignement, la création. Mais il peut l'être aussi dans l'entreprise, autour de ses métiers, des challenges, des projets. Enfin, également dans les milieux où l'action est prépondérante et repose sur des valeurs fortes : armée, police, humanitaire, etc.

La légitimation du tenant s'exerce naturellement selon des critères choisis, ou spontanément admis, par les ressortissants. Ces critères pourront être : sa compétence, son expertise, son expérience, son professionnalisme, ses qualifications, sa performance répétée (l'expérience montre que le tenant avait finalement raison), son intronisation par une autorité de référence, la rigueur de sa méthode, etc.

Évidemment, l'obédience, en réponse à une reconnaissance particulière, ne s'exerce que sur le champ concerné. J'obéis aux consignes sportives de mon entraîneur, lui-même ancien champion, mais quand il aborde ma façon de me comporter dans mes relations personnelles, je le renvoie poliment à ses affaires.

Ce ressort est donc assez finement limité dans ses applications. D'autant qu'il ne marche vraiment que lorsque le critère légitimé correspond à une valeur adoptée par le ressortissant. En revanche, il a la même puissance et la même stabilité que le ressort de l'implication sociale, avec lequel il s'assemble spontanément. Et il offre le même confort dans la relation d'autorité aux deux protagonistes.

Synthèse

Chacun est porté à obéir face à l'autorité, parce qu'il est animé par l'un ou plusieurs des ressorts détaillés ci-dessus. Il peut être très sensible à certains d'entre eux (par exemple la peur ou la morale) et totalement réfractaire à d'autres (par exemple l'intérêt ou l'implication sociale). Ainsi, dans le monde du travail, certains salariés ne supportent pas qu'on tente d'établir avec eux le moindre lien affectif et conservent en toutes circonstances une distance polie. D'autres au contraire, voulant être aimés par tout le monde, projettent des relations de copinage tous azimuts et font savoir clairement qu'ils sont prêts à tout pour se faire des amis. Comme le lecteur le devine, chacun a toujours à peu près la même posture dans toutes les relations d'autorité auxquelles il participe.

Profil d'obédience

On peut évoquer un « profil d'obédience » propre à chaque individu, ou typique d'une population sociale. Ce profil correspond donc aux ressorts que cet individu ou cette population privilégiera pour obéir à l'autorité. Ces ressorts s'imposent avec plus ou moins de force aux individus.

- Ils peuvent être tyranniques : on ne peut pas y résister (« Quelle que soit l'autorité, j'en aurai toujours peur et c'est ce qui me fera obéir »).

- Ils peuvent être automatiques : on y fera spontanément appel face à l'autorité (« Quand j'obéis, la peur entre toujours en ligne de compte »).

- Ils peuvent être actifs : l'individu peut y recourir face à l'autorité (« Quand j'obéis, la peur peut entrer en ligne de compte »).

- Ils peuvent être réactifs : on n'y fera pas spontanément appel, sauf en réaction à certaines situations (« Quand mon chef durcit la pression, j'obéis car j'ai peur »).

- Ils peuvent être inactifs : ils ne font pas partie de ce qui motive l'individu à obéir (« Quand j'obéis, la peur n'entre jamais en ligne de compte »).

- Ils peuvent être négatifs : on y est insensible. L'autorité qui y fait appel perd donc en efficacité (« Quand on fait appel à la peur, je n'obéis pas »).

- Ils peuvent être rédhibitoires : on y est réfractaire ; l'autorité qui y fait appel sera contre-productive et risque le conflit (« Quand on fait appel à la peur, je rejette l'autorité »).

---- **Faites le point** _____

Vous avez tout intérêt à prendre en compte le profil d'obédience des personnes qui dépendent de votre autorité si vous voulez améliorer votre prise d'influence.

Le tableau ci-contre vous permet de déterminer ce profil pour l'un de vos collaborateurs. Examinez chacun des ressorts (peur, sécurité, intérêt…) et tentez d'évaluer à quel degré ils sont utilisés par ce collaborateur (Monsieur Dupont). Si Monsieur Dupont obéit dès qu'on le menace, cochez la première case en haut à gauche du tableau.

Collaborateur Dupont

Ressorts	Degrés						
	Tyrannique	Automatique	Actif	Réactif	Inactif	Négatif	Rédhibitoire
Peur							
Sécurité							
Intérêt							
Morale							
Implication sociale							
Attachement							
Légitimation du tenant							

On ne peut pas changer les gens. Il est déjà peu probable qu'ils puissent se changer eux-mêmes.

Un tenant peut, dans ses pratiques d'autorité, oublier de prendre en compte ce à quoi est sensible le ressortissant, ou faire appel à des ressorts auxquels ce dernier est réfractaire. Il est bien évident que son niveau d'autorité réel en sera lourdement affecté. Au mieux, il générera chez ses ressortissants des comportements de résistance (son autorité atteindra le niveau « Résistance » défini ci-avant dans nos grilles d'évaluation). Plus il ignorera le profil de ses ressortissants, et plus la résistance augmentera. On voit ainsi très souvent de nombreux tenants qui s'échinent à reproduire les mêmes sollicitations, et dont l'autorité se dégrade inexorablement, jusqu'à aboutir au rejet, voire au conflit ouvert.

De plus, faire appel de façon insistante à des ressorts inactifs tend à les rendre négatifs. Et plus encore, la stimulation réitérée de ressorts négatifs tend à rendre ces derniers rédhibitoires. Car cette obstination est vécue comme un déni de la personnalité sociale du ressortissant. Ainsi, le ressortissant passera de l'inefficacité à la résistance.

À l'inverse, si le tenant peut faire appel à des ressorts qui sont en phase avec le profil des ressortissants, il est à peu près certain d'obtenir ce qu'il demande, c'est-à-dire de stabiliser son autorité au niveau « Accord » défini ci-avant. Cela ne garantit pas l'accès au leadership mais c'est le socle minimum nécessaire pour pouvoir y prétendre.

L'indispensable prise en compte des profils d'obédience pose plusieurs problèmes au tenant de l'autorité.

- Comment adapter ses pratiques d'autorité pour les rendre efficaces ?
- Comment les différencier face à des ressortissants aux profils divers ?

La réponse à ces questions est développée dans le chapitre suivant.

Chapitre 3

Qu'est-ce qui fait qu'on en a ?

Moyens de l'autorité

Ce chapitre présente la typologie des moyens les plus fréquemment utilisés pour obtenir ce qu'on veut des autres, et dont on peut se servir pour affirmer son autorité.

Nous étudions ici les logiques de ces moyens et des pratiques d'autorité qui en découlent.

Ce chapitre décrit leurs effets sur la personnalité du ressortissant autant que sur ses relations avec son environnement.

Pour chaque moyen on précisera :

- les leviers que le tenant de l'autorité peut actionner ;
- les usages positifs et négatifs qu'il peut en faire ;
- les avantages et les risques qu'il y a à utiliser ce moyen, et les préconisations liées à son usage.

Moyens sociaux

La position hiérarchique

Quand il veut obtenir quelque chose et qu'on lui résiste, le tenant rappelle l'écart de position hiérarchique entre lui et le ressortissant. Son argument tient dans le « C'est comme ça ! ».

Les leviers de la position hiérarchique

Les leviers dont il dispose sont le titre, la dépendance officielle, les règles du système, les capacités de sanction. Le tenant utilise ce

moyen en croyant pouvoir s'appuyer *a priori* sur le ressort de la légitimation et accessoirement sur la peur ou la morale qui motiverait ses
ressortissants.

Trop utilisé, ce moyen est disqualifié par les ressortissants qui fonctionnent sur leur implication sociale et la légitimation. Il conduit
d'ailleurs au rejet s'il est manié pour compenser ou justifier une
incompétence ou une faiblesse.

Usage positif

Pour obtenir des effets positifs, il est préférable d'utiliser ce moyen
dans un cadre adapté (ex. : décider des dates de vacances pour le bon
fonctionnement de l'équipe, assumer la sanction prévue en cas
d'infraction).

Usage négatif

Un usage négatif de ce moyen consiste à s'en servir à des fins décalées
(ex. : utiliser les dates de vacances comme moyen de chantage vis-à-
vis d'un collaborateur).

Avantages et risques

Certains individus sont sensibles à l'usage de ce moyen, d'autres y
sont réfractaires. Les tenants de l'autorité ne sont pas éternellement
du côté du pouvoir, ni forcément à l'abri des retours de bâton. S'ils
recourent à ce moyen à défaut de s'imposer naturellement, ils ris-
quent de s'affaiblir et d'obtenir l'inverse de l'effet escompté.

Par définition, le prétexte de la position hiérarchique ne fonctionne
pas auprès des acteurs qui se trouvent hors de la ligne hiérarchique :
si c'est le seul moyen dont le tenant dispose pour affirmer son autorité, il va se trouver totalement démuni dès lors qu'il ne sera plus
dans une relation hiérarchique officielle.

Ce moyen peut être utilisé par un ressortissant contre le tenant en
passant par son supérieur hiérarchique.

À faire

Ne pas se référer à sa position hiérarchique comme point d'appui ou mode de punition, ne pas en abuser ; ne pas menacer ; en user avec parcimonie.

Les attributions

Quand il veut obtenir quelque chose et qu'on lui résiste, le tenant fait appel aux écarts d'attributions entre lui et les ressortissants. Il peut soit faire savoir qu'il a la capacité à s'en servir, soit s'en servir effectivement. La menace potentielle n'est pas loin, mais la conduite est juste car il s'agit d'abord pour chacun de se conformer à ses obligations.

Le tenant peut ainsi peser sur les comportements des ressortissants en se servant des facteurs de contrainte dont il dispose et qui les rendent dépendants de lui.

Les leviers des attributions

Les leviers dont le tenant dispose sont toutes les attributions liées à une position, à une fonction, à une mission, à un domaine de compétence, à un rôle, qui peuvent engager des acteurs tiers sur des champs très précis, sans qu'ils puissent y résister (sauf à se mettre hors la loi). Exemple : rémunération, affectation de travail, paiement des impôts, notation, allocation, présence, conformation, etc.

Il est à noter que des ressortissants ayant des emplois très basiques d'opérateur, sans responsabilités importantes, peuvent disposer d'une infinité de leviers de ce genre qui permettent de contraindre potentiellement les tiers (collègues, clients, etc.), y compris leur hiérarchie ! Parmi ces leviers on trouvera : la possession des clés, le contrôle d'un outil, l'accès à un espace, un permis de conduire, la maîtrise d'un logiciel, la compréhension du classement, toutes les parties des procédures, l'apposition réservée d'un tampon, le contact avec un tiers, le temps disponible pour faire des recherches, la diffusion d'un formulaire, la précision d'une information, la connaissance des attributions, etc.

Tous ces leviers peuvent spontanément devenir des capacités de nuisance.[1]

Ce moyen fonctionne en fait comme une sorte de troc autour de la dépendance. L'autre n'a guère d'autre choix que de se conformer à mes exigences s'il veut pouvoir satisfaire le besoin dont je maîtrise les paramètres.

L'intérêt est donc le principal ressort mis en jeu et sollicité. Mais la peur, la sécurité, l'attachement peuvent également être exploités. La frontière entre un usage légitime de ce moyen et la dominance est extrêmement ténue et vite franchie.

Usage positif

L'usage de ce moyen est naturel si les enjeux concernés sont traités dans le cadre défini de chaque attribution et visent l'optimisation du système. L'idéal est atteint quand les attributions sont systématiquement utilisées au meilleur service des ressortissants.

Usage négatif

Est considéré comme négatif tout usage qui vise un objectif hors du cadre de l'attribution, telle que la déstabilisation du ressortissant ou le profit personnel du dépositaire au détriment du système ou des ressortissants.

Avantages et risques

L'usage des attributions est imparable ou presque dans le respect du cadre de la fonction et de la nature des activités. Hors du cadre, cet usage équivaut à une prise de dominance, avec le risque supplémentaire de décrédibiliser la position et sa légitimité. L'accumulation des pouvoirs augmente la puissance, les risques, et la complexité : trop de pouvoirs nuisent au pouvoir. L'abus de pouvoir dévalorise la personne (en tant que telle) qui le détient et exclut l'accès au leadership réel.

---

1. La notion de « capacité de nuisance » est explicitée dans *Gérer les personnalités difficiles*.

À faire

Ne pas déborder du cadre de la fonction, utiliser ce moyen le moins possible, expliciter l'usage qu'on en fait sans se justifier, rester attentif à la perception et aux suggestions des ressortissants.

Moyens relationnels

L'implication affective

Quand il veut obtenir quelque chose et qu'on lui résiste, le tenant fait appel aux liens affectifs qu'il a établis ou qu'il croit pouvoir établir avec les ressortissants. Tout est dès lors affaire de dettes, de promesse, de récompense, de solidarité induite, de préférence, etc.

Les leviers de l'implication affective

Les leviers dont il dispose sont ceux de l'attachement affectif sous toutes ses formes. La personne attachée ne peut ou ne doit résister à la demande, sous peine de trahir l'amitié, l'amour, la camaraderie. Les sentiments créent une sorte d'obligation ou d'évidence telle qu'il est difficile de refuser. La dépendance est réciproque.

Usage positif

L'emploi de ce levier sera positif uniquement dans le cadre de relations très personnelles.

Usage négatif

Sinon, l'usage de l'implication affective entraîne le favoritisme, l'utilisation du lien pour obtenir des avantages professionnels, la volonté de faire taire les divergences, de culpabiliser, de mêler la personne à des conflits avec des tiers, d'asservir, etc.

Avantages et risques

L'implication affective est très efficace et confortable dans toutes les conditions tant que le lien est maintenu ; mais il suffit que le lien se distende pour qu'apparaissent oppositions, contentieux et règlements de comptes, qui engendrent des coûts de réparation exorbitants. L'usage abusif de ce moyen sur le plan professionnel crée de nombreuses distorsions dans les relations. C'est ainsi qu'apparaissent l'iniquité, l'injustice vis-à-vis des collectifs, la dépendance réciproque : je dois concéder des choses parfois inacceptables pour maintenir le lien. Les effets en sont souvent la disparition du débat et de l'analyse critique, l'affaiblissement de la performance, la dégradation des processus, la confusion entre enjeux personnels et professionnels, l'ingérence en retour des « amis » dans mes problèmes et mes choix personnels, l'augmentation de la charge psychique. Ce moyen exclut l'accès au leadership.

À éviter

Le levier de l'implication affective est à éviter soigneusement car tout gain provisoire a un coût au final plus élevé et des effets potentiels incontrôlables. L'interdépendance est incontournable et fait qu'on est d'une certaine façon « managé » par son réseau affectif (dans la logique exclusive de ses intérêts très particuliers), jusqu'à s'égarer.

La séduction et le charisme

Quand il veut obtenir quelque chose et qu'on lui résiste, le tenant fait appel à l'ascendant subjectif qu'il a sur les ressortissants : il cherche à les fasciner, les impressionner.

Les leviers de la séduction et du charisme

Ce sont tous les attributs de la personne qui créent une sorte d'attirance chez les autres et génèrent l'adhésion spontanée : sexuels, sensuels, esthétiques, intellectuels, émotionnels, sociaux (« il a réussi », « il a ce dont je rêvais », « il est à l'aise », etc.). Le charisme est une dimension collective de la séduction.

Usage positif

Ce moyen sera éventuellement utilisé dans le cadre d'un enjeu tactique où les protagonistes sont aléatoires, incompétents, incohérents ou tout simplement malveillants…

Usage négatif

Dans tous les autres cas, l'usage de la séduction engendre le favoritisme, l'asservissement, la perte de jugement, de libre arbitre, voire d'identité du « charmé ». La séduction conduit le tenant à faire des choix injustes, à prendre des décisions arbitraires. Dans tous les cas, elle poursuit des finalités au mieux égoïstes, au pire pathologiques.

Avantages et risques

Ce moyen s'avère très efficace lorsque l'autre est subjugué. Mais un tel pouvoir n'est pas à la portée de tout le monde. Le « charmeur » finit par croire que son influence repose exclusivement sur sa compétence professionnelle et non sur ses pouvoirs de séduction. À ce jeu, il risque de perdre toute lucidité. Ce moyen produit des effets inégaux sur autrui : on est autant détesté par les uns qu'adulé par les autres. Il conduit à l'individualisation des relations, à l'incapacité à gérer des groupes, et à la désagrégation de la relation quand l'autre retrouve ses esprits. Sur le plan professionnel, l'usage de ce moyen entraîne le dévoiement des processus et des performances, affecte les valeurs, les moyens et la pérennité de la structure.

À éviter

La séduction est à proscrire dans le cadre professionnel, surtout si l'on est soi-même un « grand » séducteur ou une « grande » séductrice ! Un « leader charismatique » peut devenir rapidement un gourou.

La communication

Quand il veut obtenir quelque chose et qu'on lui résiste, le tenant de l'autorité tente de convaincre ses interlocuteurs, en justifiant sa demande ou sa décision.

Les leviers de la communication

Les leviers dont le tenant dispose sont les arguments, l'explicitation, la démonstration, la présentation, le discours, la justification, l'écoute, le débat. Ce sont tous les moyens de transaction censés modifier la représentation, l'adhésion et la conviction des interlocuteurs et, par voie de conséquence, leur comportement.

Usage positif

La communication permet de réduire les écarts d'information, les écarts de compréhension des objectifs et des représentations réciproques. Elle sert aussi à mutualiser les angles de vue et les vécus, à partager les analyses et les processus émotionnels. Ceci n'est possible que lorsque les protagonistes sont prédisposés à s'entendre et à infléchir leurs positions.

Usage négatif

Dans le cas où cette prédisposition n'est plus partagée, la communication comme moyen d'influence n'a plus aucune efficacité. Au contraire, elle alimente l'opposition et entraîne le communicateur dans une « surcommunication » qui absorbe inutilement son énergie. Par ailleurs, c'est une illusion de croire que la communication peut faire adhérer à des positions quelles qu'elles soient, surtout lorsque celles-ci sont irrecevables (processus inepte, méthode inadéquate, performance irréaliste, argumentaire dégradant, pratique inique, procédé pervers, etc.), sauf à sombrer dans la démagogie, la manipulation, la pression induite déguisée, la dominance etc.

Avantages et risques

Indispensable en terrain propice, la communication améliore considérablement la fluidité et le volume des relations. Elle approfondit la qualité des solutions. En revanche, dans une situation dégradée, elle entrave la solution des problèmes et l'atteinte des objectifs. Le « super communicateur » tend à croire qu'il lui suffit de faire toujours plus (ou mieux) pour conduire les autres où il veut. À trop communiquer, il s'égare et perd toute capacité d'influence, car cette communication ne modifie en rien le vécu des autres et encore moins leurs contraintes, leurs objectifs et leur logique fonctionnelle.

À faire

N'utiliser la communication que dans un objectif d'efficacité à court terme. À remplacer dès l'instant où sa répétition entraîne la répétition du comportement des protagonistes au lieu de les modifier.

Moyens de coercition et de conditionnement : les voies de la « dominance »

La menace et l'agression

Quand il veut obtenir quelque chose et qu'on lui résiste, le tenant tente de mobiliser la peur des ressortissants par tous les moyens possibles, pour infléchir leur comportement.

Les leviers de la menace et de l'agression

Ces leviers sont tous les moyens inégalement répartis entre les protagonistes (tenant et ressortissant) qui permettent à l'un de léser l'autre sur n'importe quel champ (affectif, technique, matériel, environnemental, temporel, conflictuel, financier…). Ce moyen mobilise chez le ressortissant la crainte de la souffrance vécue ou en perspective.

Il n'y a pas nécessairement de lien entre la nature du levier et celle de la situation. Il importe seulement que la peur soit plus forte que la résistance.

Usage positif

Pour sauver sa peau éventuellement…

Usage négatif

Par nature, ce levier se veut néfaste. Il consiste à utiliser tout moyen pour affecter l'autre, le réduire, l'asservir, l'affaiblir, l'inquiéter, le mettre en danger, afin de l'amener au comportement attendu au seul profit de l'utilisateur.

Avantages et risques

La menace et l'agression sont très efficaces sur l'instant. Mais, dès que cesse la dépendance et que le levier change de mains, le retour de flamme est immédiat ! Apparaissent alors la démobilisation, la démotivation des équipes… L'usage de ce moyen renforce la résistance du ressortissant, avec son lot de manœuvres cachées, de rébellion, d'émeutes et de sabotages. Ses effets sont catastrophiques sur le management à distance, rédhibitoires sur les résultats, et ses coûts de maintenance sont exorbitants. L'usage de ce moyen est condamné à terme à la pratique de l'escalade.[1]

À éviter

La menace et l'agression sont à éviter absolument dans le cadre d'une relation continue ou suivie, sauf à vouloir soi-même se rendre la vie impossible. Attention, l'abus des petits leviers tels que : garder les clés du bureau, ne pas transmettre l'information, se rendre inaccessible, désagréable, parler en jargon technique… peut avoir les mêmes effets.

La pression

Quand il veut obtenir quelque chose et qu'on lui résiste, le tenant déclenche un arsenal de sollicitations très désagréables. La relation

---

1. Menace et agression génèrent plus de conflit que d'autorité. Voir *Maîtriser les conflits*.

d'autorité apparaît dès lors comme une transaction consistant à échanger l'obéissance immédiate du ressortissant contre la cessation ou l'évitement de la douleur.

Les leviers de la pression

Les leviers de la pression sont la relance, la prégnance physique (« On l'a sur le dos. »), les cris, les remontrances répétées, l'insistance, les menaces verbales, les menaces voilées, l'isolement ou le rejet, l'atteinte à la réputation, les messages non-dits de reproche, l'ingérence dans les activités réservées, la multiplication des demandes et des contrôles, les insultes, la dévalorisation…

À terme, l'usage de ce moyen conduit au harcèlement. La pression peut prendre plusieurs formes, mais le levier le plus fort est celui qui consiste à imposer au ressortissant un objectif de performance impossible à atteindre.

Usage positif

On utilisera la pression uniquement et exceptionnellement pour contenir un acteur destructeur qui génère et entretient volontairement une pathologie lourde du système. Dans les autres cas, ce moyen ne présente aucun intérêt. Les prétendus gains attendus sont une lubie. La prise de conscience, l'attention ou l'intérêt du ressortissant ne sont jamais obtenus ainsi.

Usage négatif

Avec le temps, plus la pression est forte, plus les dégradations sont importantes. La pression ne satisfait que son auteur : il se rassure en croyant avoir bien fait les choses et en supposant que cela peut marcher. Même si la pression s'exprime avec douceur ou sophistication, elle reste l'une des formes les plus médiocres de la dominance.

Avantages et risques

Celui qui use et abuse de la pression est rapidement identifié comme un faible. Celui qui la subit fait semblant d'obtempérer pour s'en

débarrasser. Il s'ensuit une dégradation progressive des capacités pro-
ductives. L'impact de la pression s'use rapidement. Celle-ci conduit
inexorablement le tenant face à un dilemme entre l'abandon déguisé
et la surenchère, jusqu'au conflit irréductible. La pression est impossible à concilier avec la délégation ; elle s'avère catastrophique pour le
management à distance, et mortelle pour l'autonomie.

À éviter

La pression est à bannir ! D'autres conduites, moyens et leviers
permettent de remplacer utilement celle-ci.

La démagogie

Quand il veut obtenir quelque chose et qu'on lui résiste, le tenant
promet tout ce que l'on veut ou laisse croire au ressortissant qu'il
l'obtiendra plus tard. La démagogie est une forme mensongère du
leadership, car comme lui, elle fonctionne sur la promesse d'une satisfaction.

Les leviers de la démagogie

Les leviers dont dispose le tenant sont les discours, promesses,
démonstrations, concessions, expériences initiales qui donnent à
entendre, voir, croire, goûter ou sentir à l'autre ce qu'il a envie d'obtenir. L'adhésion peut être obtenue par le détour d'une confusion entre le
bénéfice suggéré par le démagogue, ce qu'il demande et lui-même.

Usage positif

Uniquement dans le cas anecdotique où le tiers cherche lui-même à
me manœuvrer à mes dépens quand, comme on dit, « il me prend
pour un imbécile »...

Usage négatif

La démagogie est négative par essence. Elle conduit à la perversion
des systèmes de communication, à la décrédibilisation de la fonction
et de la position, au détournement des ressources humaines et maté-

rielles, à l'explosion du pilotage, à la versatilité politique et stratégique. Elle mène à la confusion, à la dilution des moyens matériels et financiers, à l'interventionnisme, aux contradictions permanentes, aux conflits, au développement général d'une culture d'irresponsabilité où l'on récompense les éléments les plus pervers du système et où l'on entrave les plus positifs.

Avantages et risques

L'efficacité de la démagogie est anecdotique et ne fonctionne qu'à très court terme. Attention : de tous les modes d'autorité dégradés, il est le plus facile à utiliser (avec la pression). Il est le recours des lâches. La démagogie est une forme de conditionnement simple où autrui est l'éternel perdant de ses espoirs déçus. Dans l'entreprise, le démagogue est vite repéré et définitivement déprécié.

À moyen terme, l'usage de ce levier crée un cercle vicieux, à l'image du surendettement : il faut mentir toujours plus pour couvrir le précédent mensonge. À long terme, la perte d'influence est totale et ne laisse d'autre issue que des modes bien pires comme la dominance, la « hiérarchite » ou la fuite.

À éviter

La démagogie est à bannir si l'on doit rester quelque part plus de deux heures… Sauf peut-être en politique : à croire que les masses n'ont pas de mémoire !

La manipulation

Quand il veut obtenir quelque chose et qu'on lui résiste, le tenant utilise les modes de fonctionnement inconscients du ressortissant.

Les leviers de la manipulation

Ces leviers sont les ressorts intimes de l'interlocuteur : ce à quoi il est sensible, ce qui le motive indirectement, plus ou moins consciemment. La manipulation utilise des mécanismes et des éléments internes à la personne (peur, défense, joie, frustration…) que celle-ci ne maîtrise pas tout à fait et qui ne sont pas nécessairement en lien direct avec ses objectifs affirmés.

Usage positif

On peut se demander quelles pourraient être la pertinence et la justice des objectifs poursuivis à user de ce moyen. Sinon, peut-être, en cas de réponse contrainte à une agression lourde et sans scrupule ?

Usage négatif

On pourrait cumuler ici tous les usages négatifs des moyens précédemment traités. Les conséquences potentielles sont sans limite, pour la victime comme pour la structure, pour les processus comme pour les performances.

Avantages et risques

Lorsqu'un acteur pratique la manipulation, il ne peut savoir lui-même où celle-ci le conduira. Outre les aspects d'éthique évidents, il est utile de relever que le pire des risques est probablement que cela fonctionne : les tigres ne mangent pas les hommes, sauf quand ils y sont contraints. Malheureusement, dès lors qu'ils s'y essayent, ils y prennent goût…

> ### À éviter
> Ne jamais laisser ses collaborateurs pratiquer la manipulation, sous aucune forme que ce soit, ni vis-à-vis de quiconque.

Moyen d'autogestion

L'autodiscipline

Quand il veut obtenir quelque chose et qu'on lui résiste, le tenant ne tente pas d'obtenir immédiatement ce qu'il souhaite. Il n'utilise aucun expédient mais il entreprend de renforcer la qualité de la relation en vue des prochaines opportunités.

Les leviers de l'autodiscipline

Ce sont toutes les expériences agréables, valorisantes partagées entre le tenant et le ressortissant. Ce vécu commun crée un attachement qualitatif. Toute expérience de ce genre servira de levier à l'autorité car le ressortissant cherche naturellement le renouvellement de ces expériences.

L'impact est d'autant plus fort que ces gratifications ont lieu dans des conditions variées et sur tous les objets d'activité ou de relation. Mais pour que ces expériences soient satisfaisantes pour les ressortissants, il faut que le tenant adopte des comportements efficaces et confortables pour eux comme pour lui. Il agit donc sur lui-même pour atteindre indirectement le comportement des autres.

Usage positif

Ce moyen est valable pour toutes les relations pérennes (affectives, commerciales, managériales, pédagogiques, professionnelles, culturelles, sociales, etc.).

Usage négatif

Une personne qui maîtrise ce moyen pourrait s'en servir pour cacher ses erreurs, ou entraîner l'autre à l'opposé de ses intérêts propres.

Avantages et risques

Sur le long terme, ce moyen permet de réaliser des économies considérables en termes de demandes, d'injonctions, de réparations, de management... Il permet aussi de gagner sur les performances de toute sorte : conformité, quantité, qualité, fidélité, précision, confort réciproque, fluidité des relations etc.

Le seul risque est, pour le leader, de perdre son leadership en laissant ses conduites se dégrader...

À faire

Être égal, franc et poli avec tout le monde. L'autodiscipline réclame que l'on ose confronter les comportements inaccepta-bles, assumer, décider, tenir ses promesses et s'engager. Le tenant de l'autorité doit se respecter lui-même, se faire respecter et respecter les autres. Il doit lire les dossiers et avouer quand il ne comprend pas, laisser parler les autres, les écouter vraiment, ne jamais abuser de sa position, travailler par lui-même, appren-dre, se rendre compétent, accepter la complexité… Il ne doit pas se satisfaire à bon compte du sentiment de s'en être bien tiré seulement parce que les autres n'ont rien dit, ou ont dit « d'accord ». L'absence de vague, de bruit ou d'opposition ne révèle jamais rien d'autre que le choix des ressortissants de ne rien manifester. Cela ne protège pas pour autant le faux leader de sa complaisance, ni de sa fatuité, et encore moins d'une réelle impuissance.

Synthèse

Quel est le repère de l'efficacité de nos conduites ? Il est simple : les autres font-ils vraiment d'eux-mêmes ce que je leur ai demandé ? À défaut d'un « oui » franc et massif, ou d'un passage à l'acte effectif, il convient de douter de la pertinence comme de l'efficience de sa propre pratique d'autorité…

De fait, les autres font l'apprentissage de ce qui leur arrive en fré-quentant celui qui assume ou qui recherche une position d'autorité. Si cet apprentissage est positif pour eux, ils seront plus enclins à le suivre et accepter les directives. Si cet apprentissage est négatif, la défiance s'installe et aiguise les résistances.

L'autorité est une notion neutre en soi. On peut l'acquérir par diffé-rents moyens (c'est ce qui se produit généralement), mais il ne suffit pas d'obtenir ce que l'on veut : la façon de l'obtenir a des effets non négligeables.

On entre ici dans les critères de qualité de l'autorité. Sa durée, son efficacité, son autonomie, son économie, ses coûts, ses effets stratégiques et tactiques dans le système de relation et son impact sur l'attachement sont aussi importants que le fait d'obtenir un résultat à court terme.

Le choix des leviers est intimement lié aux valeurs et aux finalités poursuivies. S'agit-il par exemple de préserver la relation ou au contraire d'avoir raison à toute force en rabaissant l'autre ?

Pour résumer, toute personne en charge d'autorité a le choix entre deux axes politiques divergents.

• Une politique de dominance qui consiste à user de leviers de coercition ou de conditionnement, et à abuser parallèlement des leviers sociaux et relationnels disponibles. Tous les mauvais assemblages sont ici possibles.

• Une politique d'équité : il s'agit d'organiser la qualité de son propre comportement en s'appuyant accessoirement et de façon très éthique sur les leviers légitimes de sa position sociale, tout comme sur les leviers relationnels, selon un principe structurant de respect et de prise en compte des tiers *a priori.*

Profil de pratique de l'autorité

Toute personne en charge d'une fonction d'autorité aura tendance à privilégier certains moyens, à partir de sa propre configuration psychologique et de ses croyances.

Comme le ressortissant qui reproduit son profil ordinaire d'obédience, le tenant a ses habitudes et ses manies. Il pourra les repérer selon la fréquence d'usage qu'il en a.

Fréquence d'usage des moyens de l'autorité

Usage automatique

Cet usage s'applique aux moyens privilégiés que le tenant utilise spontanément, sans réfléchir, sur lesquels il compte d'abord pour obtenir gain de cause et qu'il va immédiatement renforcer en cas de résistance. Il dispose de toute une batterie de comportements rodés, qu'il peut déployer en rafale. Il est difficile, voire impossible, de remettre en question la pertinence de ce moyen.

Usage régulier

Cet usage s'applique au moyen que le tenant apprécie et qu'il utilise toujours plus ou moins volontairement. Il l'a adopté par expérience ; il le combine avec d'autres et peut y faire des réglages, le tester, voire exceptionnellement le délaisser en cas d'échec. Il l'applique souvent avec les mêmes formules et de la même façon dans toutes les circonstances. Si l'usage de la pression lui est habituel, il s'en prendra à tout le monde avec la même intensité : enfants, collaborateurs, clients, etc.

Usage anecdotique

Cet usage s'applique aux moyens qu'il emploie rarement, dont il n'est pas très convaincu et avec lesquels il n'est pas très à l'aise. Maladroit avec ces derniers, il doit faire un effort pour les mettre en œuvre et les conteste facilement. En général, il les utilise quand il y est lui-même contraint, soit par une autorité supérieure, soit par le profil drastique de son ressortissant.

Usage exclu

Cet usage s'applique aux moyens auxquels il dénie toute vertu, dans lesquels il voit un danger pour l'autorité. Il se refuse totalement à les utiliser et considère avec une très vive réprobation ceux qui font appel à ces moyens autour de lui.

Faites le point

Le tableau suivant permet, pour chacun des moyens d'autorité, d'évaluer la fréquence à laquelle ils sont sollicités. Il vous suffit pour cela de cocher la case correspondante, suivant l'usage (automatique, régulier, anecdotique ou nul) que vous faites de chacun d'eux. Vous pouvez utiliser cet outil de plusieurs façons :

- pour une autoévaluation de vos pratiques d'autorité ;
- pour une évaluation des pratiques du tenant dont vous dépendez si vous êtes ressortissant.

Vous pouvez également mettre en regard ce que vous aurez observé avec les niveaux d'autorité atteints par vous-même ou votre tutelle...

Moyens utilisés	Fréquence d'usage			
	Automatique	Régulier	Anecdotique	Exclu
Position hiérarchique				
Attributions				
Affect				
Séduction et charisme				
Communication				
Menace et agression				
Pression				
Manipulation				
Démagogie				
Autodiscipline				

Chapitre 4

L'autorité statutaire

L'autorité est conçue comme un rôle, une position, une fonction attribuée dans un système.

Elle peut exister dès qu'une personne est désignée pour une prise d'autorité, y compris dans un groupe informel. Ainsi, celui que tout le monde va appeler « chef de bande » se retrouve de fait en fonction. Provisoire, consensuelle, autoproclamée, elle est tangible dès qu'un ressortissant en accepte socialement l'état de fait. Elle obéit dès lors à toutes les lois communes des fonctions d'autorité.

Pour la commodité de notre propos et sa compréhension, il convient de remarquer que, prise dans ce sens, l'autorité revient toujours :

- soit à maîtriser la prise de décision sur quelque chose ;
- soit à imposer l'application d'une règle.

Techniquement, cette autorité-là sera donc traduite en termes :

- de types de sujets dont on peut décider, ou dont on fait appliquer la règle ;
- de degré de pouvoir qu'on a dans la prise de décision ou dans la capacité à faire obtempérer.

Description et qualification de l'autorité

Délimitation des champs et des objets de l'autorité

L'autorité s'applique aux ressortissants mais porte toujours *sur quelque chose*.

Pour la délimiter substantiellement, il faudra donc identifier les objets de son exercice. Par exemple, la mère de famille pourra décider de la composition des repas quotidiens de ses enfants, le responsable commercial pourra décider du traitement à donner à chaque dossier client. Ce sont là des objets sur lesquels s'exerce leur autorité. Les champs d'exercice de l'autorité d'un roi au XVe siècle étaient considérablement larges et nombreux. Il pouvait décider de la vie et de la mort des individus, de leur statut social, de la politique, de l'économie, des arts, des guerres, des modes, etc. Mais il ne pouvait pas changer la religion, ni le fond du système social, ni les lignées de descendance de la noblesse.

Aujourd'hui, le roi d'une démocratie européenne a perdu toute capacité d'exercice dans la plupart de ces domaines. Il est probable qu'un inventaire serré de ses champs d'autorité ne laisserait apparaître que quelques objets anecdotiques, comme le choix des inaugurations ou des lieux de cérémonies de remises de médailles.

Un manager ordinaire a autorité pour fixer des objectifs, répartir les travaux et les charges, organiser le travail, décider du traitement d'un dossier, noter ses collaborateurs, etc. Mais quand il exige qu'on lui apporte un café, ou lorsqu'il porte publiquement un jugement personnel sur un de ses collaborateurs, qu'il refuse un congé parce que lui-même part en vacances, est-il légitimement dans le cadre de sa fonction ? Sa position est légitime, mais son comportement ne l'est pas pour autant !

À faire

Il convient de définir précisément les champs et les objets de l'autorité. À défaut, on prend le risque que des champs ne soient pas couverts ou que des débordements aient lieu dans des champs non concernés. Le premier abus d'autorité se produit lorsque le tenant exerce son autorité sur des champs qui ne relèvent pas de sa responsabilité.

Quels sont donc les champs concernés par la prise d'autorité ? Potentiellement, ce sont tous les éléments qui interviennent dans la relation d'autorité, dans n'importe quelle situation.

On y trouvera donc systématiquement :

- les personnes ;
- l'environnement ;
- les durées ;
- les activités ;
- les moyens ;
- les supports matériels et physiques ;
- les concepts, les idées et les objectifs ;
- les structures.

Et si l'on affine, on pourra détailler chacun de ces éléments. Par exemple, concernant les personnes :

- leur déplacement ;
- leur alimentation ;
- leur tenue ;
- leurs comportements ;
- leurs intentions ;
- leur vocabulaire ;
- leur activité physique ;
- etc.

On pourrait longuement poursuivre cet inventaire ou utiliser n'importe quelle grille pour le construire autrement, et faire de même pour tous les autres éléments.

On voit bien, en évoquant n'importe quelles situations types, que chacune d'entre elles est particulière dans la composition des champs concernés.

On se rend compte également que l'identification précise de ces objets est rarement faite, ou plutôt confuse. Les débats sont fréquents entre les protagonistes sur la légitimité de l'insertion de tel ou tel objet dans la relation d'autorité.

Très souvent dans une fonction d'autorité, la distinction n'est pas faite non plus entre les tâches de décision et les tâches de commande d'exécution. Car, pour le même objet, l'autorité peut se limiter à la prise de décision, mais sans imposer son exécution : il revient au ressortissant de se discipliner lui-même dans l'application. À moins qu'une autre autorité ne s'en charge.

À l'inverse, l'autorité peut être limitée à faire exécuter une règle ou une décision prise par ailleurs.

Pour tous les objets potentiels, il y a donc quatre figures possibles d'autorité :

- Décision + exécution.
- Décision seule.
- Exécution seule.
- Autonomie totale.

Faites le point

Le tableau suivant propose un exemple des objets d'autorité des parents vis-à-vis d'enfants adolescents. Pour chaque catégorie, vous pouvez déterminer si elle relève de la décision, de l'exécution, ou des deux à la fois. Naturellement vous pouvez appliquer ce tableau à un autre domaine, en définissant au préalable de nouveaux champs dans la colonne de gauche.

Champs	Décision	Exécution
Horaire des repas	x	x
Principes d'alimentation	x	
Scolarité		x
Orientation scolaire	x	x
Habillement	x	

Dans tous les cas, il y a quelques règles de base à respecter :

- les champs, et plus précisément les objets concernés par la prise d'autorité, doivent être identifiés et définis ;

- l'alternative décision/exécution doit être précisée ;
- la configuration complète de l'autorité doit être clairement partagée entre les protagonistes ;
- chacun doit scrupuleusement respecter les territoires, le sien et celui des autres.

Autrement dit, cet outil s'avère extrêmement efficace pour désigner explicitement les objets qui ne doivent pas entrer dans le champ de la relation d'autorité : en les désignant explicitement, il donne une dimension contractuelle aux champs d'autonomie et d'indépendance des ressortissants, et permet en conséquence de discipliner l'autorité.

Degrés d'autorité

Une fois dressée la carte de l'autorité confiée, en identifiant tous les objets sur lesquels elle porte, on ne sait pas pour autant ce que peut en faire le tenant, jusqu'où il peut aller dans ce qu'il impose au ressortissant.

L'entraîneur d'une équipe sportive a légitimement autorité sur la préparation physique des compétiteurs, mais avec quelle force et dans quelles conditions ? Normalement, il semble admis en démocratie que tout un chacun dispose à tout instant de la plus totale latitude pour avoir des relations sexuelles à sa convenance, avec des partenaires majeurs et consentants. Mais un entraîneur peut vouloir dissuader un sportif de le faire, considérant que ce serait néfaste pour ses performances. Qu'est-ce qui est juste en l'occurrence ? Que dit le droit ? L'entraîneur peut-il être au-dessus des lois de la République ? Le sportif professionnel est-il contraint par les règles en usage dans l'entreprise qui interdisent l'exercice du loisir sur le temps de travail ?

Indépendamment de la définition des objets de l'autorité, on peut calibrer le degré de pouvoir dans l'exercice de l'autorité de la façon suivante.

Niveaux de pratique du pouvoir

Autocratique

Fixe et change les règles, les supprime, les invente pour l'occasion, les ignore, ou intervient sur tout à son gré hors de toute règle définie. Tyrans, gourous, dictateurs, chefs mafieux, chefs de bande armée, parents abusifs, patrons esclavagistes, etc., se retrouvent à ce niveau de pratique. Ce niveau couvre tous les objets présents dans la situation et tend à supprimer toutes les limites de l'autorité.

Régalien

Peut décider de tout ce qui concerne un acteur assujetti mais dans le cadre des règles sociales établies, que le tenant lui-même ne peut pas enfreindre. L'application des lois à chaque cas est complètement livrée à la seule interprétation du tenant. Elle peut être tardive, expéditive, versatile, injuste, aléatoire, inéquitable, etc. La décision est absolue, indiscutable, sans recours possible, et son application laissée au bon vouloir du tenant. En tant que personne physique ou morale, il est l'essence de l'autorité.

Décisionnaire

Les attributions du tenant couvrent un champ délimité. Les décisions (prises dans le respect de procédés définis) s'appliquent sans pouvoir être contestées. Mais le ressortissant peut tenter de mettre en cause la non-conformité de la décision aux règles de procédures, ou son débordement hors du cadre des responsabilités du tenant. C'est le mode de base de l'État de droit. Le seul critère du pouvoir est l'affectation des attributions. Les acteurs ne disposent en propre d'aucune autonomie *a priori* dans le champ des règles imposées. C'est le cas du système militaire.

Organique

Les attributions du tenant couvrent une composante d'un système (groupe, unité, etc.) voué à une activité précise. Les décisions et les obligations ne portent que sur une partie des fonctionnements et des éléments de cette activité. Par exemple, le directeur du service informatique prend des décisions sur tout ce qui concerne les choix informatiques de l'entreprise et l'organisation technique de son service, mais il ne décide ni des rémunérations, ni des horaires, ni de son implantation, ni de la tenue des collaborateurs… Et il est bien incapable de contrôler la pertinence de leurs options technologiques de détail. Le tenant définit la politique et les objectifs de l'entité. Les acteurs ont des champs et des marges d'autonomie qui ne peuvent être enfreintes par le décideur sans que sa position soit remise en cause. Le critère de structuration du pouvoir est la fonction. C'est le cas général du management intermédiaire en entreprise, des associations à but social.

Technique

Le tenant n'a d'autorité que sur des dimensions techniques, pratiques ou théoriques des activités. Métier, méthode, procédé, modèle, références, stratégies, conformité de la réalisation, évaluation, etc., sont ses champs d'intervention. Il ne peut requérir d'autres comportements que ceux liés à la pratique de référence mais pas au-delà. Il n'a d'ailleurs en général pas la possibilité de contraindre physiquement le comportement effectif des ressortissants. On peut dire qu'il n'a qu'une autorité « d'animation » : il peut indiquer ce qu'il faut faire et demander que la sanction prévue soit appliquée en cas d'infraction.

Faites le point

Le tableau suivant permet d'établir à quels champs, situations, groupes ou personnes s'applique l'autorité du tenant en fonction de son niveau de pratique du pouvoir (autocritique, régalien, décisionnaire, etc.). En cochant les cases de votre choix suivant le domaine d'application de chaque degré, vous pourrez définir et identifier clairement un « profil d'autorité ».

Champs de l'autorité	Niveaux de pratique				
	Autocratique	Régalien	Décisionnaire	Organique	Technique
Personnes					
Activités					
Environnement					
Durées					
Moyens					
Supports					
Idées					
Structures					

Sanction

L'exercice de la sanction est un accessoire de celui de l'autorité.

Encore une fois, cette notion n'est pas nécessairement négative : il peut y avoir une sanction positive à une réalisation satisfaisante.

La sanction répond aux questions suivantes : « Que se passe-t-il lorsqu'un ressortissant n'obéit pas à l'autorité ? », « Que se passe-t-il pour lui lorsqu'il y obéit ? ».

Comme nous l'avons évoqué au début de cet ouvrage, quand l'autorité impose des contraintes à une population de ressortissants, elle disparaît dès qu'elle n'est plus en mesure d'appliquer des sanctions. La sanction négative de l'infraction est un facteur de puissance et de pérennité pour l'autorité, c'est assez évident.

La sanction positive des comportements conformes est un facteur de développement et de pérennité pour l'autorité, car elle alimente les ressorts positifs de l'obédience. C'est moins évident.

Dans les deux cas, elle a un effet de renforcement, à condition d'être justement appliquée, avec bon sens.

Là encore l'observation donne une information radicale valable dans tous les systèmes. Un acteur officiellement investi d'une charge d'autorité est rapidement réduit à la plus totale impuissance s'il ne peut pas disposer effectivement de l'exercice de la sanction qui va avec.

Cette observation est d'autant plus vraie s'il s'agit d'une fonction d'autorité affectée à l'application des règles (surveillance, gardiennage, police, contrôles, etc.).

Cela dit, la sanction ne peut pas décemment prendre n'importe quelle forme ni contenu. Elle doit être mesurée, en rapport avec les faits concernés. À défaut, en cas de dérive, elle provoquera nécessairement les effets inverses à ceux attendus. Une sanction abusive ou impertinente peut avoir des impacts dévastateurs sur l'autorité, et au-delà, sur le système (la famille, l'entreprise l'association...) et sur l'activité (la production, les relations affectives, les soins apportés aux patients...).

Règles de proximité

La sanction sera d'autant plus pertinente, justifiée et acceptée qu'elle sera plus proche de l'infraction ou de la réalisation :

- dans sa nature : un événement financier sera heureusement sanctionné par un effet financier, mieux que par une décoration ou une mise à l'index ;

- dans le temps : de préférence attendre que l'événement ait vraiment eu lieu pour le sanctionner (ne pas vendre la peau de l'ours...) ; et ne pas attendre trop longtemps après, car la sanction risque d'avoir des effets pervertis par d'autres événements intermédiaires ;

- dans le cadre : là où l'événement a eu lieu est l'endroit où il doit être sanctionné ; la sanction punissant l'impair commis par un salarié ne doit pas affecter sa vie de famille ;

- dans le choix des personnes impliquées : il semble plus équitable dans tous les sens que ce soit strictement l'auteur de l'événement qui assume ou profite seul des effets de la sanction ;

- dans la taille : les effets de la sanction sur le ressortissant ne peuvent légitimement dépasser les effets de l'événement sur le système.

La pertinence réitérée des sanctions est un facteur déterminant de la reconnaissance de l'autorité. C'est là que l'autorité gagne sa légitimité. C'est tellement évident que ça méritait d'être redit.

Règles de justification

Une sanction doit être causée et explicitée uniquement par les critères de finalité propres du système.

> Prenons un exemple polémique : quand un arbitre met un carton rouge sur un terrain à un joueur qui a donné un vilain coup, ce n'est pas parce que l'acte du joueur incriminé est répréhensible au regard des règlements, mais parce qu'il dénature profondément l'intérêt du jeu. L'autre joueur, qui vient d'y laisser sa cheville, y laisse aussi probablement sa capacité à jouer le reste de la saison.

Mais si l'arbitre sort un second carton jaune, parce le joueur a contesté de façon véhémente une décision de sa part, il privilégie la préservation de sa propre image au détriment des intérêts du système !

L'argument vient vite : « Mais si on ne respecte plus les arbitres, le foot est foutu ! Et c'est la porte ouverte au hooliganisme ! ». Outre les amalgames étranges et enivrants qu'on pourrait discuter, cet argument est en soi fallacieux car il donne à la figure de l'autorité une position prééminente sur le système qu'elle est censée servir.

Car l'effet d'un carton rouge sur un joueur est quand même d'une autre importance que l'effet d'un grand bruit sur l'ego de l'arbitre, si bien entendu on prend comme repère les fondamentaux du système : pouvoir jouer et rejouer avec les autres, voir jouer, vivre le jeu.

On peut d'ailleurs retourner l'argument : si les arbitres ne faisaient jamais ce genre de chose, ils gagneraient probablement un cran significatif de respect supplémentaire de la part de la masse des amateurs.

Choix des sanctions

La nature des sanctions peut affecter le ressortissant à des degrés divers.

La sanction négative pourra être par exemple :

- l'exclusion ;
- l'enfermement ;
- la suppression d'une liberté ou d'un loisir ;
- une charge de travail au service du système ;
- la réparation ;
- la compensation technique ;
- la publication de la réprimande ;
- la réprimande ;
- la remarque ;
- etc.

En somme, tout élément de la situation pouvant être un facteur de désagrément pour le ressortissant est potentiellement matière à une sanction négative.

Les leviers de sanction disponibles sont donc aussi nombreux qu'il y a de situations sensibles pour le ressortissant.

À éviter

Il convient de ne pas abuser de la sanction et de ne pas la décrédibiliser par des usages impertinents ou intempestifs.

Règles de pertinence

La sanction utile et efficace doit :
- être compréhensible pour le ressortissant ;
- être admise à partir d'un contrat initial clairement annoncé et entendu ;
- toujours être connue par avance ;
- être calibrée en fonction des niveaux d'infraction ;
- être conçue en rapport substantiel avec la nature de l'infraction ;
- être explicitée lors de son application ;
- préserver les capacités d'activité ultérieures du ressortissant ;
- ne pas aller au-delà des intérêts du système ;
- ne pas s'exercer hors du cadre du système.

Sanction positive

Elle respecte les mêmes règles mais dans l'autre sens. Il est tout aussi facile de les inventer en repérant tous les éléments qui peuvent être des facteurs de satisfaction pour le ressortissant dans le système. Ce seront souvent les mêmes que les facteurs de désagrément potentiels.

On pourra y trouver par exemple :

* le remerciement ;

* la remarque valorisante ;

* la félicitation ;

* la publication de la félicitation ;

* la prolongation de l'appartenance au groupe ;

* la récompense technique par l'affectation de sujets intéressants ;

* l'accès à un degré d'autonomie supérieur ;

* la promotion ;

* la récompense matérielle ;

* une aide ;

* etc.

Souvent on oublie les sanctions positives, considérées comme inutiles. On n'attribue celles-ci que pour une réalisation tout à fait exceptionnelle.

Et surtout, les tenants de tout poil ont une fâcheuse tendance à penser que tant que le ressortissant fait ce qu'il doit faire, tout va bien et il n'y a rien à dire. Autrement dit, on ne réagit que quand ça va mal, et le ressortissant ne reçoit donc des retours du tenant que pour entendre des récriminations.

L'argument est simple et banal : « On ne va pas le féliciter à tout bout de champ, uniquement parce qu'il remplit correctement ses obligations ! C'est le minimum ! ».

Ah la belle erreur que voilà !

Le ressortissant qui fait bien ce qu'il doit faire pourrait sûrement faire autrement, faire moins bien, incomplètement, discutailler, contester, prendre la tête de son tenant favori, résister, râler, traîner la patte, etc. D'ailleurs, certains le font.

Mais il ne fait rien de tout cela et c'est un bénéfice considérable pour le tenant, qui devrait au moins l'en remercier tous les matins. Ne serait-ce que par comparaison avec ceux qui le fatiguent par leurs résistances.

À faire

La sanction positive régulière du comportement normal adéquat nourrit et consolide l'obédience. Elle équilibre et justifie en miroir la légitimité des sanctions négatives. Elle donne un sentiment de justice au ressortissant qui fait l'effort d'être en accord avec ce qu'on attend de lui. Elle est indispensable à la pérennité de l'autorité. Le tenant doit donc se préoccuper de constituer un arsenal de récompenses aussi fourni que celui des punitions. Bien souvent, le ressortissant est aussi sensible au fait de la récompense et à sa nature qu'à sa taille. Mais gare aux erreurs de pertinence et aux effets pervers de la multiplication des mentions pingres et symboliques !

DEUXIÈME PARTIE

GAGNER EN PUISSANCE

Forts de notre connaissance de l'autorité à la fois comme concept et comme pratique, nous sommes désormais en mesure de l'appliquer au quotidien. Encore faut-il pouvoir se discipliner soi-même dans cet exercice, et non pas s'y livrer suivant l'humeur. Le leadership ne s'improvise pas : il se cultive. Il n'est pas lié au tempérament ou à la personnalité de celui qui l'exerce : il est accessible à tous, mais nécessite néanmoins un apprentissage. Cette partie vise à fournir au lecteur les clés du leadership universel : celles-ci s'acquièrent non par la force, mais par l'adoption de certains comportements, de certaines pratiques qu'il vous appartient de systématiser. Certaines erreurs également sont à éviter, le but ultime étant de parvenir au meilleur équilibre entre votre degré d'intervention comme responsable d'une part, et l'autonomie consentie aux personnes dont vous avez la charge d'autre part. À cet effet nous vous proposons dans cette partie des échelles de niveaux de pratique (appelées ENP), outils qui vous permettront d'établir cette subtile balance de l'autorité. Nous montrerons enfin que ces échelles sont applicables en dehors du domaine managérial.

Chapitre 5

Développer son leadership

Celui qui choisit une politique de dominance verra son autorité dépendre de la taille des leviers qu'il actionne. Pour obtenir plus de choses, le tenant dominant doit donc amplifier, suivant la situation, ses emportements amoureux, la dangerosité des armes de menace (le pistolet plutôt que le couteau), l'emphase de ses discours, ses droits d'intervention, la légalité des champs de décision, ses capacités de sanction, etc.

L'inconvénient d'une telle politique d'autorité, c'est qu'elle est directement liée aux pouvoirs dont le tenant dispose, ainsi qu'au degré de dépendance accepté par les tiers. Que ces pouvoirs s'amenuisent ou qu'ils disparaissent, et l'autorité s'effondre immédiatement ! S'ensuivent des règlements de compte à la mesure de la domination subie : le dominant d'hier peut rapidement devenir le souffre-douleur de son ex-victime. Ce type de basculement des rapports d'autorité est assez probable dans les grandes organisations, où les chemins de carrière peuvent s'entrecroiser, ainsi que dans la famille, quand les enfants devenus adultes prennent en charge leurs parents devenus impotents.

Celui qui, à l'inverse, choisit une politique d'équité, où le niveau d'autorité est lié à la confiance acquise auprès des tiers, augmentera son degré d'influence en développant la confiance. Cette approche exige un travail long et délicat, où l'expérience vécue par les tiers est prépondérante :

- elle exclut tout recours aux leviers de dominance (menace, fausse promesse, désinformation, etc.) ;

- elle exige de la part du tenant un usage pondéré et rigoureux des moyens sociaux et relationnels (tels que ses attributions, sa position hiérarchique, sa communication) et des ressorts d'obédience de ses ressortissants (leur légitimation, leur implication sociale, leurs besoins de sécurité, leurs intérêts de toute nature) ;

- elle se construit sur la qualité et la continuité des conduites génératrices de satisfaction et de sécurité pour les tiers (le tenant ne met jamais ses ressortissants en danger ou en difficulté, et ses comportements restent homogènes quand il subit de la pression) ;

- elle ne permet que peu d'entorses à la discipline relationnelle montrée en exemple par le tenant (il est poli et respectueux des personnes, d'humeur égale en toutes circonstances).

La capacité à développer son autorité dans cette voie peut être limitée par plusieurs facteurs :

- Les limites individuelles de sociabilité des interlocuteurs, jusqu'aux états pathologiques : certaines personnes sont de toute façon en conflit avec tout le monde et sont insensibles à la qualité des relations qu'on tente d'établir avec elles.[1]

- Les conditions d'exercice et de vécu de la relation (comme l'impuissance hiérarchique, le délabrement des structures, les attributions trop grandes des subordonnés, le déficit des moyens, etc.). Ces conditions peuvent créer des peurs, des affrontements et des rejets de l'autorité malgré les efforts personnels du tenant.

- Les contraintes statutaires et l'interventionnisme des niveaux hiérarchiques supérieurs dans les formes comme dans les contenus de la relation d'autorité. Le supérieur peut imposer au tenant d'adopter des pratiques de commandement violentes, ou donner systématiquement raison aux ressortissants, y compris quand ils enfreignent gravement leurs obligations.

---

1. Les « nuisibles » de toute sorte sont hermétiques aux relations de qualité. Voir *Gérer les personnalités difficiles*.

Quand il n'y a même plus à demander !

Le plus haut niveau d'autorité

Dans notre définition, le leadership[1] exerce une influence telle qu'il n'y a plus besoin de mettre aucune force dans la relation pour obtenir un résultat. C'est tout juste s'il est nécessaire de demander : quand le tiers connaît les besoins et les attentes du leader, il les satisfait spontanément. Le leader obtient l'accord et l'exécution. Il entraîne sans tirer, simplement en affichant ses intentions.

Ce mode ultime de l'autorité présente tous les avantages et toutes les qualités : économie et facilité du management, rapidité des exécutions, confort mutuel dans la relation, capacités de mobilisation importantes, reproduction spontanée des comportements adaptés, etc.

Les clés du leadership universel

Le leadership est une prise d'influence exceptionnelle qui nous est accordée par les autres sur eux-mêmes, une sorte de droit d'autorité sans réserve.

Cette prise d'influence, ou plutôt devrait-on dire ce « don d'influence » (au sens de « donner »), est concurrentielle : ce n'est pas un privilège que le ressortissant accorde à n'importe qui. Il fait avec et pour « son » leader ce qu'il ne ferait pas pour un autre.

C'est donc le résultat d'un processus de reconnaissance et d'attachement lié à l'identité du leader. Mais, contrairement aux types d'attachements fondant les relations d'amour et d'amitié, il n'est pas essentiellement d'ordre affectif. Cet attachement-là est pragmatique, car basé sur l'expérience mutuelle et la vérification réitérée de la satis-

---

1. Notre approche des notions de leadership et de dominance est très largement inspirée des travaux d'Hubert Montagner : Hubert Montagner, *L'enfant et la communication*, Stock, 1978.

faction de besoins fondamentaux. Pour l'essentiel, le leadership est déterminé par la contribution du leader à la satisfaction des besoins suivants :

- sécurité ;
- valorisation ;
- visibilité (savoir où l'on va) ;
- stabilité ;
- réussite ;
- acquisition (de biens, de ressources, de compétences, etc.) ;
- confort ;
- autonomie.

Ce qui détermine l'attachement des ressortissants dans ce processus, c'est la réponse à la question suivante : « Que ressentent-ils quand ils partagent quelque chose avec moi, quand ils font ce que je leur demande ? ». Ces ressorts de la confiance et de l'attachement sont identiques pour tout le monde, quoique leur pondération varie dans la composition des besoins de chacun.

Presque tout le monde est sensible à l'accumulation des comportements gratifiants, et tout le monde y réagit positivement.

Cette confiance accordée est globalement indépendante des caractéristiques de personnalité des ressortissants, de la nature de leurs besoins momentanés, des circonstances et des environnements.

Le leadership peut se résumer en quelques principes :

- C'est une autorité offerte par les autres (subalternes, supérieurs, pairs, partenaires, tous ceux avec qui se tissent des relations).
- Il vient de la reconnaissance par les autres du mode de fonctionnement qu'on a vis-à-vis d'eux.
- Il est indépendant des attributs du pouvoir et des positions hiérarchiques.
- Il est accessible à tous, pourvu qu'on discipline sa conduite.
- On peut le construire par la mise en œuvre de conduites individuelles identifiées, détaillées ci-après.

À faire

Le leadership est le résultat d'un apprentissage que les autres font de nos conduites. Il exige continuité et régularité. Pour devenir leader, il est donc nécessaire d'adopter les comportements adéquats.

Accession au leadership

Monsieur Dupont leader ? C'est toujours possible !

Tout le monde peut devenir leader : il suffit de développer des conduites adéquates. Les attitudes de celui qui tente d'accéder au leadership ont beaucoup moins d'importance et d'effet que ce qu'il fait vivre à l'autre. Le leadership accordé par les autres ne dépend pas des particularités de la personnalité du leader mais de son comportement observable par les autres.

Il existe des leaders bourrus, foldingues, originaux… mais néanmoins solides, fiables et disponibles.

Qu'elle soit timide, exubérante, un peu sèche ou renfrognée, une personne peut très bien acquérir un fort leadership sur son environnement grâce à la rigueur de son comportement.

Repères du leadership

Comportements de référence du leader

- Il prend des initiatives.
- Il est créatif.
- Il traite les problèmes et les anticipe.
- Il prend des risques et va souvent au « casse-pipe ».

Attributs ordinaires du leader dans la relation

- Il initie.
- Il est imité.

- Il est suivi.
- Il entraîne sans tirer.
- Il n'a pas besoin de faire pression pour obtenir.
- Sa demande est satisfaite systématiquement.
- Il est reconnu.
- Il n'est pas agressé par les agressifs.
- Il est fréquenté.
- Il est sollicité pour arbitrer.
- Il est influent sans légitimité officielle.
- L'état de l'autre est amélioré : apaisé, conforté, éclairé, sécurisé.

Comportement favorisant l'avènement du leadership

- Le leader aide ses ressortissants à développer leurs compétences.
- Il valorise les personnes (les propositions) et ne s'approprie pas les réussites.
- Dans une équipe ou un groupe, il privilégie la coopération mutuelle.
- Il accorde systématiquement le droit à l'erreur.
- Il fait des retours d'évaluation pour permettre aux autres de progresser.
- Il ne porte pas de jugement de valeur sur la personne, il prend en compte les faits.
- Il peut tout dire et tout entendre. Pour lui, la parole de son interlocuteur est plus importante que la sienne.
- Il n'intervient pas quand il donne ou il délègue une tâche.
- Il est équitable entre les personnes (sanctions, récompenses, défense des intérêts).
- Il est rigoureux, il respecte ses engagements et annonce ses doutes.
- Il accepte de ne pas tout savoir et d'apprendre des autres.
- Il protège ses ressortissants contre les abus d'autorité supérieure.

- Il justifie ses choix, sans se justifier lui-même, il ne craint pas de perdre.
- Il est disponible, mobile, accessible, attentif.
- Quand ça ne marche pas, il fait autrement.
- Il a le respect des autres.
- Il est congruent (il fait ce qu'il dit, il dit ce qu'il fait).
- Il porte une attention régulière aux personnes.
- Il ne formule pas de menaces.
- Il a rarement peur et quand il a peur, il fait quand même.

Pratiques et conduites standard du leader

- Il n'utilise pas la menace pour se faire entendre.
- Il manifeste de la tolérance.
- Il salue, il accueille systématiquement.
- Il coopère et partage en toutes circonstances.
- Il transmet ses savoir-faire.
- Il tient ses engagements, ses promesses et met ses menaces à exécution s'il y a lieu.
- Il ose se confronter aux personnalités agressives.
- Il ne se laisse pas impressionner par les dominants.
- Il protège les dominés.
- Il recadre les personnalités moins fiables et les aide à stabiliser leurs pratiques.
- Il propose sans imposer ni insister (« Tu prends ou tu ne prends pas ? »).
- Il ne s'approprie pas les problèmes des autres et ne s'en occupe pas, sauf si on le lui demande, il garde lui-même ses problèmes et ne demande pas aux autres de les gérer à sa place.
- Il recherche le profit pour les autres.
- Ses conduites sont stables et continues.

- Il est autonome dans le déclenchement et la conduite de son activité.

- Il fait preuve d'un seuil de tolérance élevé face à la pression.

Bien que le leadership implique un apprentissage et la reconnaissance de sa conduite sur la durée, les caractéristiques propres du leader peuvent être repérées aussi vite que celles d'une personne qui n'est pas leader.

Ce n'est pas un signal en particulier qui pourra donner la caractérisation du leader mais la présence simultanée et immédiate de plusieurs signaux, tels que :

- L'attention portée aux autres.

- Rester calme et instaurer un climat de sérénité.

- Se laisser interrompre, ne pas batailler pour avoir la parole.

- Le sourire, les manifestations de bienveillance.

- Une attitude d'ouverture, un langage clair et direct.

- Se rendre proche et accessible.

- Ne pas se laisser enfermer dans des catégories, dans les débats.

- L'égalité d'humeur.

- Le sens de l'humour…

Il convient enfin de distinguer l'apparence que l'on se donne, la forme que l'on adopte pour soi-même (look, sourire…) et ce que les autres distinguent de nous à travers notre conduite, consciemment ou inconsciemment.

Agir sur sa conduite pour accéder au leadership

Il est nécessaire de modifier ses propres conduites et pratiques pour obtenir des changements de conduite et de pratique chez les autres. Lorsque l'on modifie ses propres structures de conduite, les autres peuvent modifier les leurs, mais cela réclame du temps.

Si l'on fait en sorte que nos nouvelles conduites deviennent naturelles, quasi automatiques, celles-ci demanderont de moins en moins d'énergie. Il y a un décalage inévitable entre l'investissement fourni (les efforts qu'impliquent certaines modifications de conduite) et le « retour sur investissement ». De plus, il est illusoire de vouloir soi-même tout investir, dans toutes les directions…

À faire

Il convient de vivre, peu à peu, l'expérience réussie d'un « faire autrement ». Ce qui nous permet de changer, c'est de reproduire les résultats de nos différentes expériences et d'en tirer profit. C'est pourquoi le leader doit consolider autant qu'il peut ses comportements : s'il « disjoncte », cela ne doit pas durer longtemps, car les autres personnes ne peuvent plus prendre appui sur lui.

Nous l'avons dit, il existe des comportements de référence identifiés qui tendent à consolider le leadership en toutes circonstances. Pour s'en convaincre, il suffit de les évoquer en négatif et de comparer leurs effets à ceux d'une conduite positive.

Les pratiques rédhibitoires pour l'accession au leadership

Faites le point

Dans les formations au management, on obtient habituellement le contenu du tableau qui suit en posant aux participants la question suivante : « Quelles sont les conduites de votre manager qui vous empêchent de lui accorder du leadership ? Décrivez-nous ce qu'il peut faire, qui est pour vous rédhibitoire ». En récapitulant les conduites nocives observées sur le terrain, ce tableau vous permet de tester le leadership de votre manager.

Versatile	Manipulateur
Menaçant	Fuit ses responsabilités
Se met en colère contre moi	Trouve un « bouc émissaire »
Inéquitable, injuste	Critique toujours ses équipes
Ment, manipule, est hypocrite	Inconstance, change d'avis d'une fois à l'autre
Argumente fallacieusement	Engueule quelqu'un devant un tiers
Se décharge	Communique son stress
Ne prend pas position	C'est le dernier qui parle qui à raison
Manque d'intérêt, ne veut pas savoir	Manque de décisions, ne bronche pas
Manque de considération	Portes fermées
Laisse faire	Ne s'implique pas
Promesses non tenues	Réunionite hors des horaires
« Botte en touche », renvoie au 22	Ne délègue pas
C'est pas moi	Ne défend jamais ses collaborateurs
Ne félicite pas, toujours insatisfait	Se met toujours en valeur, j'ai fait ceci… cela..
Contrôle tout, pinailleur	Génère des usines à gaz
Manage par les points faibles	Fait perdre son temps aux autres
Pratique le favoritisme	Ne tient pas ses promesses
Ne laisse pas s'exprimer	Manque de communication
Ne laisse pas d'espace de liberté	Excès de consensus
Autocrate/despote	Je suis sûr qu'il me lâchera
Inaccessible	Ne pense qu'à sa carrière
Manque de crédibilité	Ne donne pas suite aux appels téléphoniques reçus en son absence
N'est pas à sa place là où il est	Flique tout le monde
N'accepte pas sa mission	Celui qui *shunte*

Erreur de gestion du DRH	Remet toujours au lendemain
Manque de ponctualité	Abuse de raisonnements trop sophistiqués
Manque de préparation	Ingratitude
Irrespectueux	Exploiteur profiteur, opportuniste
Sexiste	Trop autoritaire
Pingre	Pas de reconnaissance
Mégalo	Identifie les personnes par leur catégorie
Dispendieux, mais pourquoi ?	Manque de valorisation de l'équipe
Manque de transparence	Relations sans retour
Rétention d'informations	Égocentrique
Laxiste	Manque de rigueur
Insultant	Manque de disponibilité
je ne comprends pas ce qu'il dit	Non-respect des engagements

Nous faisons cet exercice depuis des années, dans tous les contextes, en obtenant à peu près toujours les mêmes résultats. Et ce sont les mêmes de la part des collaborateurs comme des managers. Ces ressorts très communs sont généralement valables en dehors du management.

Autrement dit, ce sont toujours les mêmes conduites, et pour tout le monde, qui ont le même effet négatif sur le leadership. Chacun d'entre nous a en soi les repères nécessaires pour développer des conduites de leadership : il lui suffit d'évoquer en miroir ce qui l'empêcherait d'accorder son leadership à d'autres.

A contrario, il suffit donc de faire exactement l'inverse pour obtenir l'effet opposé. Nous laissons au lecteur le soin de cet exercice en noir et blanc pour repérer les conduites qui lui restent à mettre en œuvre...

Quand nous creusons un peu plus les motivations de nos participants dans ce déballage, il apparaît que toutes ces conduites nocives contribuent à amplifier la défiance qu'on a vis-à-vis de l'autorité.

Et c'est bien naturel quand on les analyse un peu plus profondément, car toutes ces conduites affectent d'abord les besoins de sécurité, de réussite et de visibilité des ressortissants. Comment croire qu'une personne prendra le risque de mettre ses pas dans ceux d'une autre, si celle-ci risque :

- de satisfaire ses propres besoins aux dépens de l'autre ;
- de la lâcher au milieu du gué ;
- de lui faire payer ses propres erreurs ;
- de la dénoncer pour se couvrir, etc. ?

Comment s'embarquer avec une personne qui :

- ne sait pas elle-même où elle va ;
- échoue en général ;
- n'a pas de vision ;
- vit dans la confusion ;
- se réfugie dans la lâcheté, etc. ?

Toutes les conduites citées dans le tableau sont autant de preuves du danger ou du gâchis qu'il y a à partager des activités ou des enjeux avec ceux qui ont ces comportements.

Obéir à ces gens-là revient à prendre de gros risques, et c'est en tout cas la promesse de lendemains qui déchantent.

On peut résumer les choses en disant que le leadership pousse sur le terreau de la confiance éprouvée. Autrement dit, ce que l'on gagne en dominance, on le perd en leadership.

Exercice de l'autorité dans le management

Conseils basiques pour le management

Nous avons sélectionné ci-dessous quelques préconisations élémentaires qui peuvent paraître évidentes mais dont nous relevons très fréquemment l'infraction lorsque nous observons des managers.

Ce choix n'est pas innocent car il s'agit de comportements à fort impact sur la maintenance de l'autorité. Quoique certains d'entre eux paraissent dérisoires aux yeux de celui qui les commet, ils sont perçus négativement par les ressortissants.

Chacun pourra en faire ou pas son profit.

Quelques erreurs à éviter

- Réagir sans avoir pris de l'information.
- Intervenir à tout bout de champ.
- Considérer qu'on apporte une valeur ajoutée sur tout.
- Se jeter au fur et à mesure dans la réponse immédiate aux événements.
- Ne pas s'arrêter régulièrement pour faire le point.
- Ne pas noter, faire confiance à sa mémoire.
- Vouloir convaincre à toute force et discutailler.
- Monter en autoritarisme quand on n'obtient pas ce qu'on veut tout de suite.
- Faire copain-copain avec les uns plutôt qu'avec les autres.

- Individualiser les relations (qui plus est dans les couloirs…).
- Évacuer, éviter ou repousser les sujets désagréables.

Quelques idées de base à méditer sur la position de « chef »

- Le chef n'est pas infaillible : chacun le sait, à commencer par lui, et ça n'affecte pas son autorité.
- Il ne sait pas tout, il peut apprendre.
- Il n'a pas de droits supérieurs (confort, comportements, etc.), ça ne lui est pas utile.
- Il n'a pas de droits en moins, on peut aussi lui parler poliment.
- Son rôle n'est pas de compenser les déficits de ses collaborateurs.
- Il fait travailler et respecte également tout le monde.
- La position de chef change forcément les relations car on devient un facteur d'enjeux pour ses collaborateurs : ils sont dépendants de nos nombreuses décisions.
- Les collaborateurs ne sont pas absolument fiables : on ne présuppose jamais qu'ils vont faire exactement ce qu'on leur a demandé, ils peuvent toujours faire autrement !
- Il vaut toujours mieux anticiper les ratés possibles que de « fliquer » les gens en action : ils tolèrent mieux la première option que la seconde.
- La confiance se vérifie : on peut lâcher la bride à ceux qui ont prouvé qu'ils tenaient la route et plus encore à ceux qui font spontanément part de leurs erreurs.
- Le chef est seul avec son problème d'homme orchestre : les collaborateurs s'en fichent complètement car ils ont leurs problèmes ; aussi il ne sert à rien de tenter de les apitoyer sur son propre sort pour les faire obéir.

Intervention et autonomie

Dans l'exercice de l'autorité, il se crée un équilibre sensible entre l'intervention du tenant et l'autonomie du ressortissant.

Le fonctionnement de l'autorité peut induire des pertes d'autonomie et donc d'efficacité dans la réalisation des choses demandées.

Si l'intervention ne respecte pas le niveau d'autonomie auquel le collaborateur peut prétendre, elle peut provoquer deux types de distorsion :

• soit des sollicitations toujours plus fréquentes de la part du ressortissant, de la dépendance vis-à-vis de l'autorité, l'absence de prise d'initiative ;

• soit de l'inertie, de la peur.

Le schéma ci-dessous rassemble l'intervention de l'un et l'autonomie de l'autre dans la conduite des activités.

Le double trait figure la limite entre les deux et donc l'autonomie concédée par le manager. La diagonale en pointillés figure la limite supérieure des capacités réelles d'autonomie du collaborateur.

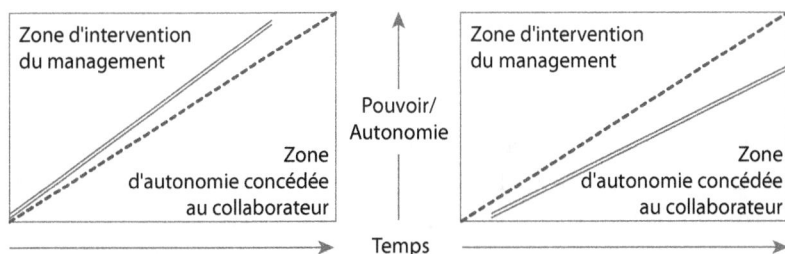

À gauche. La marge de manœuvre laissée au collaborateur est trop large par rapport à ses compétences : l'intervention du management n'est pas suffisante pour que le collaborateur puisse travailler avec confort ou sécurité ; il peut se sentir abandonné face à la tâche qui lui est confiée, il ne comprend pas les objectifs, ou la façon de s'y prendre. L'invitation à une autonomie jugée trop importante par lui-même, la confrontation à une prise de risques jugée insurmontable engendre la peur et une position de retrait.

Le collaborateur peut parfois disposer de la compétence pour faire, mais il a besoin d'être davantage accompagné, conseillé, suivi. Si ce n'est pas le cas, l'insécurité engendre l'inertie, des retards dans le délai de réalisation, des sollicitations complémentaires de la part du collaborateur, la demande de confirmation ou d'aide auprès de collègues ou d'un autre manager susceptible de lui apporter du confort, de la sécurité.

À éviter

La stimulation permanente de la part du management pour « tirer » le collaborateur vers davantage d'autonomie risque, bien souvent, de provoquer une réaction inverse. Plus le collaborateur est invité (contraint ?) à s'aventurer dans une zone de risques pour lui-même (ou ressentie comme telle), plus il pourra se montrer timoré et en retrait vis-à-vis de l'initiative.

À droite. La marge de manœuvre laissée au collaborateur est trop faible : l'intervention du management est trop pesante... Le collaborateur a bien compris, il sait faire, il pourrait se débrouiller seul, ou il connaît bien l'enchaînement des tâches et le « chef » ne lui donne que des morceaux de tâches... Le management intervient dans ses propres façons de faire ou contrôle sans arrêt.

La démotivation en est la conséquence fréquente : puisque le collaborateur ne dispose pas de l'autonomie nécessaire, il peut choisir de se borner à exécuter les consignes, et rien que les consignes ! Pour être garanti contre le fait qu'on vienne lui faire des remarques (ou des reproches) il se rend plus dépendant, veut qu'on lui explique encore, attend des précisions.

Cette situation engendre le syndrome de l'encadrant « pompier-pyromane » qui allume autant de feux qu'il croit en éteindre : plus il intervient, plus il suscite de sollicitations...

La difficulté (et l'intérêt) de l'action managériale consiste à régler le niveau d'intervention entre les écarts 1 et 2, en fonction des individus, du temps et des tâches confiées. Un même individu peut présenter des « variations d'autonomie » en fonction des tâches confiées. Une même tâche peut être appréhendée de façon très variée d'un individu à l'autre.

Ces différentes positions d'intervention vis-à-vis des collaborateurs dessinent les contours de la pédagogie nécessaire à tout acte de management.

Elles définissent, en même temps, l'amplitude des modes d'intervention qui caractérise un leader. Ce dernier dispose des ressources lui permettant de se situer à tout endroit du schéma en fonction des besoins.

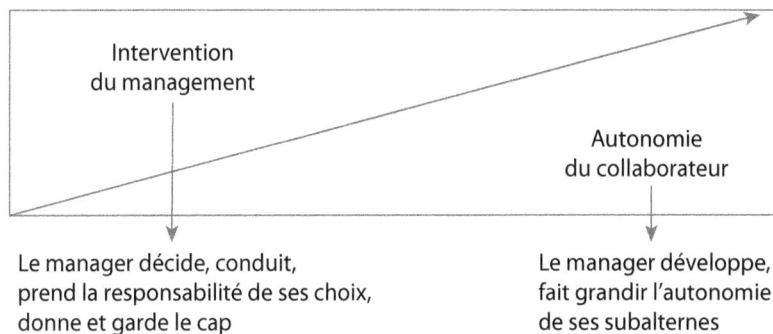

Intervention
du management

Autonomie
du collaborateur

Le manager décide, conduit,
prend la responsabilité de ses choix,
donne et garde le cap

Le manager développe,
fait grandir l'autonomie
de ses subalternes

Décision

Le manager est seul face à la responsabilité de la décision

On peut distinguer deux phases dans le processus de décision :

• la genèse de la décision ;

• l'arrêt de la décision.

Par principe, le manager est – et doit – rester seul dans l'arrêt de la décision. Il lui appartient de trancher finalement : c'est sa responsabilité, non celle de ses collaborateurs.

Contrairement à d'autres systèmes, l'entreprise n'est ni une organisation démocratique, ni un monde convivial. C'est l'attribution de la décision au management qui la structure.

En revanche, le manager peut partager la genèse de la décision en consultant très largement ses collaborateurs en amont : dans la mesure où il maîtrise pleinement l'arrêt de la décision, il n'a rien à perdre à écouter d'autres suggestions.

Or, c'est bien souvent le contraire qui se produit. Craignant d'avoir l'air de se laisser influencer, le manager prépare tout seul la décision dans son coin. Puis, souhaitant « faire adhérer » ses collaborateurs, il organise un semblant de consultation visant à leur faire croire qu'ils ont décidé par eux-mêmes. C'est le pire qu'il puisse faire. Personne n'est dupe car l'hypocrisie est patente, mais ça n'empêche pas le manager de recommencer.

Or ce dernier ne perd rien de son autorité en pouvant tout entendre, y compris les contestations de ses propositions lors de la réflexion initiale. D'autant moins qu'il peut affirmer la force de son choix *in fine*.

Les collaborateurs acceptent parfaitement de ne pas avoir raison si l'alternative est claire, si le rôle du manager est explicite et s'ils ont vraiment été pris en compte dans le débat. La discussion a lieu avant, pas après. La relation d'autorité n'en est que plus saine et mieux vécue.

Par la suite, comme il a été seul à trancher, le manager devra assumer seul le choix qu'il a fait, et en porter les conséquences. Il aurait toujours pu faire un autre choix. Le manager, comme tout autre tenant du pouvoir, doit d'abord être actif dans la prise de décision, puis responsable dans sa conduite.

Règles de gestion de la décision

Repères d'une prise de décision valide et réussie :

- Elle est prise !
- Elle est prise au moment opportun.
- Elle est communiquée, elle est argumentée.
- Elle est applicable (réaliste, cohérente avec les moyens).
- Elle est pertinente par la prise en compte des variables principales.
- Elle est claire, nette et précise (compréhensible, définie).
- Elle ne change pas face au moindre événement.

Repères d'une prise de décision invalide :

- Elle n'est pas prise quand elle peut encore avoir de l'effet.
- Elle est instable et versatile.
- Elle n'est pas comprise (explication de texte).
- Elle n'est pas appliquée (conditions d'application, suivi des effets ?).

Difficultés pouvant entraver une prise de décision et qui devront être assumées par le manager :

- Savoir qu'il faut en prendre une.
- Identifier et prendre en compte tous les paramètres pertinents.
- La peur de se tromper.
- La masse de travail à fournir.
- Les risques liés au fait d'être sur le « devant de la scène ».
- Le nombre de personnes à impliquer.
- L'obligation de suivre les règles.
- L'énergie à fournir pour la faire appliquer.
- Le temps disponible.
- L'opposition interne.
- La difficulté à l'expliquer et à la faire accepter.

Faites le point

L'outil suivant décrit les comportements possibles d'un manager dans sa prise de décision. Cet outil hiérarchise ces comportements selon la méthodologie originale des « échelles de niveaux de pratiques (ENP) » qui est présentée par la suite.

Le niveau 4, le plus élevé, est le plus efficace dans l'exercice de l'autorité.

Le niveau 1, le plus bas, est le plus catastrophique.

Échelle des niveaux de pratiques de la décision par le manager

4	**Analyse de la situation**	Le manager analyse tous les facteurs de la situation, opérationnels et humains, avant de se décider. Son analyse intègre souvent des données de prospective
	Consultation de l'équipe	Le manager est capable de tous les modes de décision en fonction du contexte et de l'objet
	Moment de la prise de décision	Le manager décide de façon à anticiper les problèmes, avec souvent un léger temps d'avance sur les nécessités de l'activité
	Explication de la décision	Le manager annonce sa décision et s'assure qu'elle est comprise
	Suivi de la décision	Le manager propose un suivi et reste disponible en tant que ressource pour l'application de la décision
3	**Analyse de la situation**	Le manager prend une décision fondée sur l'analyse de facteurs opérationnels existants
	Consultation de l'équipe	Le manager consulte systématiquement l'équipe, et tente d'emporter l'adhésion. Si un désaccord persiste, il finit par passer en force
	Moment de la prise de décision	Le manager décide en fonction du « tempo » de son activité : quand des éléments opérationnels nécessitent des arbitrages de sa part
	Explication de la décision	Le manager annonce et explique sa décision
	Suivi de la décision	Le manager formalise un suivi de sa décision

2	**Analyse de la situation**	Le manager fait une analyse sommaire de la situation, ou pas d'analyse du tout. Prend une décision au *feeling*, « à l'instinct »
	Consultation de l'équipe	Le manager ne consulte jamais l'équipe pour prendre la décision
	Moment de la prise de décision	Le manager prend ses décisions avec un temps de retard, hésite devant un choix, attend de voir la direction du vent…
	Explication de la décision	Le manager annonce la décision sans explication
	Suivi de la décision	Le manager ne formalise aucun suivi mais intervient de façon autoritaire sur l'équipe si elle n'applique pas la décision telle qu'il l'avait imaginée
1	**Analyse de la situation**	Le manager prend des décisions « contre toute attente », à rebours de la situation, sous prétexte « d'oser » ou de « tenter quelque chose d'inattendu »
	Consultation de l'équipe	Le manager consulte l'équipe de façon interminable (longues réunions…) pour n'en faire toujours qu'à sa tête
	Moment de la prise de décision	Le manager ne décide rien, le fait accompli l'emporte, ou bien prend des décisions de façon complètement hâtive, alors que rien ne l'impose
	Explication de la décision	Le manager n'annonce pas sa décision, ou donne des explications confuses sans rapport apparent avec sa décision
	Suivi de la décision	Le manager ne fait aucun suivi, oubliant sa décision ou décide très vite autre chose en contradiction avec la décision précédente

Niveaux de pratiques du management

Méthodologie des échelles de niveaux de pratiques « ENP »

L'outil précédent, appliqué à la prise de décision, a été élaboré grâce à une méthodologie générale de définition des pratiques de toutes natures. Cette méthodologie est utilisée dans cet ouvrage pour représenter concrètement les écarts entre les comportements efficaces et les comportements à éviter.

Elle a été développée dans notre premier ouvrage *Conduites professionnelles, conduites du management.*[1]

En voici une autre illustration dans le domaine du management qui nous servira à en présenter la démarche et les avantages.

Chacun peut se faire une idée de ce qu'il attend d'un manager pour établir une relation efficace avec son équipe. Par exemple qu'il développe son équipe, qu'il la forme et qu'il fonde sa méthode d'encadrement sur l'équité, qu'il favorise l'autonomie, qu'il confronte et sanctionne ses collaborateurs quand il le faut.

L'expérience montre qu'il n'y a pas une seule façon d'animer une équipe, mais plusieurs et nous pouvons les décrire très concrètement par les « niveaux de pratique ».

Le principe des ENP (échelles de niveaux de pratiques) consiste à formaliser les pratiques professionnelles sur 4 niveaux gradués en fonction de leur degré d'efficacité vis-à-vis de l'objectif fixé. Une ENP est donc un outil d'autoévaluation qui montre où l'on en est, ainsi qu'un guide pour l'action qui indique ce qu'il faut faire et comment corriger seul ses pratiques.

---

1. *Conduites professionnelles, conduites de management*, Liaisons, 1997.

Matrice des échelles

Elles suivent une logique basée sur le taux de traitement des anomalies et la prise en compte de l'environnement.

Dans les situations professionnelles en particulier, les acteurs sont confrontés à un grand nombre de distorsions entre l'idéal et la réalité : lacunes, retards, défauts, erreurs, etc. Celles-ci sont dues à l'accélération des changements, à la pression sur les moyens, à la complexité des structures, à la concurrence, etc. Elles affectent tous les aspects des activités : livraisons, informations, exécutions, qualité des produits, efficacité des outils, actualité des méthodes, etc.

Il n'y a nulle part de situation normale où tout se passe selon les modèles et dans la perfection. Les acteurs, managers et managés, ne répondent pas de la même façon à ces distorsions ; certains y font face, d'autres les contournent.

Une des bases de la méthodologie est de distinguer ces réponses aux quatre niveaux de pratique suivants.

Niveau 4 : Amélioration. Le plus élevé, celui qui conduit au leadership

La personne prend en compte spontanément tout son environnement, en particulier l'intérêt des autres : elle compense ou répare les distorsions, celles des autres et celles de l'environnement. Elle assume la complexité des situations. Elle fait progresser les processus et les équipes.

Niveau 3 : Adaptation

La personne prend surtout en compte ses responsabilités techniques : elle se débrouille pour rester opérationnelle. Elle compose avec les distorsions dans sa propre sphère sans s'occuper des répercussions au-delà.

Niveau 2 : Application primaire

La personne est centrée sur elle-même : elle ne traite pas les distorsions. Elle reproduit le même comportement en toutes circonstances. Elle exécute le modèle minimum, sans coopérer. Elle augmente le taux de distorsions pour les autres.

Niveau 1 : Aggravation

La personne est mue par ses émotions, imprévisible. Elle génère des distorsions, même confrontée à des situations « normales ». Elle développe un comportement aléatoire, voire inadéquat. Son activité est incomplète et puissamment perturbatrice pour les autres.[1]

Les pratiques d'autorité managériales peuvent être décrites selon cette logique, la compétence mise en jeu ne portant plus sur des gestes techniques mais sur des comportements, des modes de réaction, des actes de gestion des hommes et des situations.

Échelles de niveaux de pratiques de l'autorité dans le management

Faites le point

Nous avons sélectionné quelques échelles portant sur des pratiques de l'autorité dans le management. Vous pouvez les utiliser pour situer précisément votre niveau général de pratique de l'autorité.

Ce repérage peut vous aider à comprendre vos propres ressorts, à identifier certaines causes probables de vos difficultés comme de vos réussites. Il peut aussi vous aider à progresser vers le niveau 4, c'est-à-dire vers l'accès au leadership.

---

1. Les pratiques de niveau 1 sont typiques des « nuisibles » de toute sorte, tenants et ressortissants. Voir *Gérer les personnalités difficiles*.

Si vous vous reconnaissez, même ponctuellement, dans certains points des niveaux 2 et 1, vous pouvez vous interroger sur votre politique d'autorité et imaginer les corrections à y apporter. La plupart de ces échelles sont facilement et utilement transposables dans d'autres domaines.

Rapport à l'autorité : affirmation de sa position par le manager

Comment considère-t-il sa fonction d'autorité et par quel moyen la fait-il admettre ?

4	Sûr de lui et de sa position, il n'a pas à rappeler son grade pour se sentir en sécurité et exercer son autorité. Il suscite les propositions et les critiques de ses collaborateurs. Il tend à leur faire prendre conscience de leur valeur et de leur potentiel. Il responsabilise et délègue sans envisager qu'il puisse y perdre en autorité. Travaille avec eux sur les objets de l'activité sans user de sa fonction.
3	Il veut convaincre : parle beaucoup, explique, justifie, argumente sur le plan technique. Très présent, il insiste, donne des consignes. Il assume ouvertement sa position hiérarchique mais n'en use pas en dehors de ses champs de décision officiels. Il peut entendre les avis divergents de ses collaborateurs sans être affecté : finalement c'est lui qui décide.
2	Il est le chef … et il est le chef. Un point c'est tout. On doit donc lui obéir ! Il a raison par définition. Il n'a donc pas à écouter : on doit l'écouter. La moindre initiative prise sans son aval est vécue comme une atteinte à sa position. Le contredire est une agression ; il est mis en danger. Fait taire et fait acquiescer.
1	Il réfute son rôle de chef. Copine avec les uns, fait preuve de démagogie avec les autres, houspille les plus fragiles que lui. Cède systématiquement face aux fortes têtes et leur donne raison contre les autres ou se braque contre ceux qui sont réputés compétents. N'écoute pas de peur d'être influencé. Se défausse sur sa hiérarchie.

Les différents outils de l'affirmation du manager

De quoi le manager se sert-il pour se valoriser et être reconnu dans son rôle ?

4	La qualité de son management : pertinence, rigueur. Et ce qu'il apporte aux autres par la responsabilité qui lui a été conférée : développement profession-nel et expression du potentiel des personnes. La conscience d'avoir fait son travail. C'est d'abord entre lui et lui : tenir ce qu'il croit devoir faire et aboutir.
3	La performance : le bon fonctionnement de son unité, l'optimisation des moyens, la satisfaction des clients, la valeur des produits vendus. Cela passe par la reconnaissance unanime de son professionnalisme (sans faille) par tous les acteurs du système : ses pairs, sa hiérarchie, ses clients, ses collaborateurs, ses partenaires. Bien qu'il s'en défende avec pudeur, la félicitation est un puissant levier de sa réactivation.
2	Le pouvoir : la multiplication des sujets sur lesquels il a raison. Pouvoir dicter à un plus grand nombre de personnes et au plus haut niveau possible. Cela passe par le plaisir à donner des ordres et obtenir à chaque fois ce qu'on veut en faisant plier l'autre. Il est facile de le faire briller avec un peu de « pommade d'obséquiosité ».
1	Perdu devant les moyens possibles de son affirmation, incapable d'en choisir un. Sauf peut-être le repérage des fragilités ou des dépendances apparentes de ses interlocuteurs. Condamné à l'échec, il l'induit. Hésitant, bricolant avec tout et n'importe quoi selon son humeur et l'état momentané de ses angoisses, pour abandonner aussi vite. Attend-il que les autres le fassent briller ?

Exemplarité

À quel degré le manager s'impose-t-il à lui-même ce qu'il exige des autres ?

4	Exemplaire, le manager n'imagine pas exiger des autres un comportement qu'il ne peut lui-même mettre en œuvre. Il est parfois plus exigeant pour lui-même que pour les autres. Aide les autres, leur fournit des ressources pour évoluer.
3	Modèle, il applique lui-même les règles qu'il a fixées aux autres. Il exige des autres qu'ils mettent en œuvre les mêmes comportements que lui. Il se positionne comme référent qu'il suffit d'imiter, fournit des critères d'évaluation.
2	Hypocrite, il se montre en exemple quand ça l'arrange et que la situation le lui permet. Il exige des autres des comportements qu'il ne peut que très exceptionnellement mettre en œuvre lui-même. Il n'aide pas, considère que les autres n'ont qu'à se débrouiller pour faire.
1	Contre-exemple : il faut faire ce qu'il dit et surtout pas ce qu'il fait. Incapable de faire lui-même ce qu'il exige des autres en permanence. Met en difficulté, décourage les autres.

Adaptation de la pratique managériale aux besoins des autres

Qui, du manager ou des collaborateurs, adapte ses comportements aux besoins de l'autre ?

4	S'adapte aux autres, s'il y trouve une plus-value pour l'ensemble du service ou de l'équipe. Aide les autres à s'interroger sur leurs propres pratiques dans un but d'évolution. Prépare chaque événement, ce qui lui permet de répondre à des besoins particuliers qui auraient pu freiner le groupe.
3	Aide les autres à s'adapter à ses propres pratiques. Se pose la question des besoins de l'équipe lorsque les résultats opérationnels se dégradent.

2	Impose aux autres de s'adapter à ses propres pratiques. Entend l'expression des besoins, mais n'y répond que s'il y trouve un intérêt personnel.
1	Change constamment de pratiques managériales sans justification ni explication et impose des adaptations brutales. Extérieur au collectif, ne change jamais son comportement en fonction de l'équipe ou de l'environnement.

Gestion des priorités

Comment le manager prend-il en charge les choix de priorités entre les activités, et comment implique-t-il son équipe dans leur définition ?

4	Pose les priorités à la suite d'une réflexion collective. Les explique, les suit, et les adapte. Est à l'écoute de l'équipe, cherche à convaincre, jamais avare d'explication. Ne priorise pas le court terme opérationnel au détriment des fonctions humaines de management.
3	Pose lui-même les priorités. Les explique à l'équipe, mais n'effectue pas de suivi et ne les réajuste pas. Attend l'adhésion mais ne fait aucun effort pour l'obtenir. Priorise le court terme et l'opérationnel.
2	Ne pose pas de priorité : tout se trouve au même plan ; ce qui entraîne une gestion en urgence. Indifférent au positionnement de chacun par rapport aux urgences définies. Fait de ses priorités personnelles des priorités professionnelles.
1	Pose des priorités, mais ne les respecte pas et/ou en change selon les interlocuteurs. « Impose l'adhésion » puis la reproche à son équipe dès que la priorité change. Priorise de façon aléatoire, selon son humeur. N'affiche pas les mêmes priorités à son équipe et à sa hiérarchie.

Équité dans la distribution des charges

Selon quels critères le manager répartit-il les charges de travail et les moyens ?

4	Distribue les charges de travail dans une perspective de développement professionnel. Favorise la formation pour atténuer la différence des compétences. Équitable dans la répartition des travaux intéressants ou pénibles.
3	Distribue les charges selon les degrés de compétence. Équitable au regard de la compétence.
2	Distribue les charges selon les affinités personnelles : copinage. Répartit les moyens sur le même mode de copinage.
1	Donne à des membres de l'équipe des tâches de travail tout en sachant qu'elles ne pourront pas êtres remplies : trop importantes, ne correspondant pas aux compétences, impossibles à réaliser faute de moyens (matériels, délais, etc.) Met des membres de l'équipe à l'écart. N'intervient pas dans la répartition des tâches : chacun prend ce qu'il veut.

Le manager a donc le moyen d'évaluer sa propre conduite grâce aux ENP, mais il n'a pas celui d'évaluer en temps réel le vécu de ses collaborateurs.

Aussi il lui sera utile d'avoir un outil permettant de repérer les effets de son comportement sur ses managés. Quel est l'état de son « leadership » sur tel ou tel collaborateur, et sur son équipe ?

Degré d'obédience des ressortissants

Comment mesurer concrètement le niveau d'autorité que nous accordent les ressortissants ? L'outil suivant permet l'évaluation des conduites significatives des collaborateurs en détaillant des échelles de comportements d'obédience des managés. C'est en quelque sorte la grille des repères du niveau d'autorité, identifiables dans la conduite des collaborateurs.

— **Faites le point** ————————————————————————————

Les échelles présentées ci-après décrivent les comportements des collaborateurs vis-à-vis de leur manager. Il s'agit de comportements significatifs de la confiance et de l'adhésion qu'ils lui accordent à l'intérieur du système.

Cette batterie d'échelles ne servira pas à évaluer individuellement vos managés, mais à mesurer le leadership que vous avez sur votre équipe.

Évidemment, elles décrivent des comportements qui doivent tenir pour une part à la personnalité de vos collaborateurs, mais il n'empêche que leur accumulation est révélatrice de l'état réel de votre leadership. Assemblées, on peut les mettre en regard des autoévaluations sur des ENP managériales. Elles vous fourniront des pistes d'analyse.

——

Il pourra toujours y avoir un débat entre « ils font comme ça » ou « ils sont comme ça ». Mais en tout état de cause, des conduites de management de niveaux 3 et 4 tendront toujours à emporter l'adhésion des meilleurs collaborateurs et à réduire les dégâts commis par les autres.[1] Des conduites de management de niveaux 2 et 1 tendront toujours à faire régresser les meilleurs vers une expression de niveau 2 et à faire basculer les autres dans une expression de niveau 1.

On peut dire qu'on obtient la performance sociale qu'on mérite, et qu'on obtient en retour des comportements en rapport direct avec ses propres conduites de management.

Malgré la diversité de maturité sociale de ses différents collaborateurs, ceci peut être constaté en faisant des comparaisons pour une même équipe :

• d'un manager à l'autre ;

• entre le début et la fin de son règne ;

• dans la dispersion des résultats entre les meilleurs scores et les plus faibles ;

————————————

1. Lorsqu'un collaborateur présente des comportements de niveau 1 sur la plupart des échelles, c'est un « nuisible » presque ingérable.

- dans la progression des écarts entre les deux extrêmes ;
- entre les profils des diagrammes obtenus dans les différentes échelles.

Les signaux d'alerte pour le manager sur l'état de son autorité seront :

- la récurrence des comportements de niveaux 2 et 1 observés ;
- leur multiplication ;
- leur diffusion vers des acteurs inhabituels de ce niveau ;
- leur disparition ;
- leur apparition simultanée chez plusieurs personnes.

Ces signaux devront l'amener à une observation plus systématique de la situation et à réinterroger ses propres conduites.

Cela dit, il est probable :

- qu'un manager repéré plutôt dans les niveaux 4 des ENP du management cherchera *a priori* sa responsabilité dans des expressions récurrentes de niveau 2 chez ses collaborateurs, et se félicitera de la personnalité positive des autres ;
- tandis qu'un autre, repéré plutôt dans les niveaux 2 ou 1 des ENP du management, se félicitera des expressions de niveau 3 chez les rares collaborateurs qui résistent à son incurie, et stigmatisera tous les autres, ce tas d'imbéciles qu'il a la malchance de devoir traîner.

Le couple d'outils, ENP du management et ENP des comportements d'obédience, reste malgré tout un instrument à l'usage propre du manager.

Les échelles suivantes décrivent donc ce que fait le managé sous l'autorité.

Prise d'initiative

4	Devance. Se lance à partir d'alternatives connues. Toujours pertinent quand il implique l'accord du N+1.
3	Prend quelques initiatives, en informe vite le tenant. Propose et sollicite souvent un accord pour des choses qu'il aurait pu lancer seul.
2	Ne prend jamais d'initiatives. Explique qu'il n'a pas les éléments. Traduit « initiative » en « prise de gros risque ».
1	Indépendant. Invente des trucs dans son coin. Demande l'accord pour des vétilles. Lance des choses énormes sans en référer au tenant.

Sollicitation pour la validation des créations ou des productions

4	Demande très fréquemment des validations sur le fond, le sens ou la politique ; plutôt en amont.
3	Demande systématiquement des validations de contenu sur les points clés, plutôt à mi-chemin.
2	Ne demande que des validations officielles obligatoires (signatures, etc.), seulement après la fin de l'exécution.
1	Demande des validations de détail, parfois provocantes : n'importe quand, mais de préférence jamais.

Prise de distance/disponibilité

4	Spontanément présent au moment où l'on a besoin de lui. Ajuste sa disponibilité en fonction des besoins qu'il a évalués.
3	Toujours accessible, se rend facilement disponible. Trouve les durées adéquates qu'on lui aura estimées.
2	Il faut aller le chercher. Traîne la patte, a des trucs à finir. A toujours moins de temps à consacrer que nécessaire.
1	Introuvable. Est partout et nulle part. Débusqué, il disparaît à nouveau, ou se casse une jambe. Est débordé avec rien. Doit partir là, maintenant !

Adhésion/résistance aux plans d'action

4	A participé de près ou de loin à l'élaboration. Attendait ce changement. Préparé, il relaie l'activation auprès des autres.
3	Franchement d'accord après quelques précisions. N'a pas d'états d'âme. N'attend pas pour se mettre au travail.
2	Accumule les inconvénients. Freine des quatre fers. Multiplie les préalables pour l'application.
1	Ne dit rien en face, puis mène une campagne de dénigrement au nom d'une déontologie quelconque. Entrave ou sabote.

Expression verbale de son adhésion à une proposition ou à une nouveauté

4	Partant *a priori*. Trouve rapidement des arguments positifs. Explore les aspects difficiles pour les circonscrire.
3	Questionne sur un point qui le préoccupe. Exprime nettement une position positive homogène dans tous les lieux, officiels ou non.
2	Conteste sur des points accessoires. Adopte des positions plutôt négatives, ajustées à ses interlocuteurs.
1	Enthousiaste, absent, tonitruant, décalé, tout est possible. On peut être sidéré par les propos qu'il tient par ailleurs.

Délai de réactivité à une demande ou à un ordre

4	Révise immédiatement la hiérarchie de ses priorités et réalise toujours dans une échéance confortable pour le demandeur.
3	Immédiat ou dès qu'il trouve un interstice de disponibilité. Hiérarchise sa chronologie suivant le degré d'importance expliqué.
2	Répond avec un retard systématique qui génère de la pression. A besoin qu'on lui réexplique. Ne peut jamais rapidement.
1	A compris autre chose et fait autrement. Soit tout de suite en écrasant le reste. Soit plus tard que le délai utile, ou jamais…

Exécution des ordres et des demandes

4	Exécution qui dépasse la demande en qualité, génératrice d'avantages, valorisante pour les autres tâches.
3	Exécution complète, conforme et juste pour l'essentiel. Lisible et intégrée au reste des tâches.
2	Exécution toujours non conforme, erronée et incomplète d'une façon ou d'une autre. Au détriment d'autres tâches.
1	Exécution divergente, contraire à la demande, absente, perturbatrice, génératrice de distorsions et de surcoûts.

Intérêt accordé aux interlocuteurs

4	Privilégie systématiquement les besoins de son chef sur tout autre considération ou sollicitation.
3	Met son chef, lui-même et son job sur un pied d'égalité au sommet de sa pyramide. S'arrange pour satisfaire les trois.
2	Rétrograde toujours en second plan les besoins de son chef par rapport aux siens, aux règles, aux collègues, etc. qui se présentent.
1	Une demande de son chef peut passer après la nourriture des oiseaux du balcon.

Usage de la hiérarchie dans les enjeux entre lui et son chef direct

4	Complice avec son N+1, vis-à-vis du N+2 et des autres N++. Soutient son chef dans ses rapports avec sa hiérarchie.
3	Passe normalement par son N+1. Ne recherche pas le contact avec le N+2 mais privilégiera les directives de ce dernier.
2	Tend à accéder et se faire valoir au niveau N+2. N'hésite pas à contourner et mettre en cause son N+1 par des voies parallèles.
1	Peut laisser entendre qu'il est victime de harcèlement ou répandre des rumeurs sur le vécu de l'équipe.

Recherche d'échanges informels

4	Recherche très régulièrement des échanges directs et substantiels dans tous les cadres, sur des sujets élargis au-delà du professionnel.
3	Échange facilement sur tous propos dans des cadres facilitants, soit en duo, soit dans des moments collectifs détendus.
2	Formaliste. Évite tout échange informel avec son manager mais les multiplie à l'envi avec ses collègues ou les clients.
1	Enclenche de façon anecdotique des échanges incongrus centrés sur lui-même. Interpelle le manager en public.

Faites le point

Vous pouvez vous servir de la grille ci-après à partir des comporte-ments déjà observés chez vos collaborateurs et réaliser, grâce au tableau de correspondance, une évaluation directe de l'état de votre leadership.

Les résultats de ce « profilage » de l'obédience de votre équipe peu-vent être mis en regard de l'équation de l'autorité.

Grille de profilage des conduites d'obédience des collaborateurs

Comportements significatifs des collaborateurs	Niveaux observés				Moyenne équipe
	4	3	2	1	
Prise d'initiative					
Sollicitation pour validation des productions					
Prise de distance/disponibilité					
Adhésion/résistance aux plans d'action					
Adhésion verbale					
Délai de réactivité à une demande ou à un ordre					
Exécutions des ordres et demandes					
Hiérarchie de l'intérêt accordé aux interlocuteurs					
Usage de l'échelle hiérarchique					
Recherche d'échanges informels					
Totaux					

Tableau de correspondance

Niveau moyen (moyenne équipe)	Niveau d'autorité probable du manager	
4	> 1	Leadership
3	= 1	Accord Résistance ponctuelle
2	< 1 = 0	Résistance permanente Rejet
1	< 0	Conflit

Chapitre 7

Exercice de l'autorité dans des milieux divers

Le lecteur pourra évidemment faire toutes les transpositions possibles d'un domaine à l'autre : comme on l'a compris, les lois de l'autorité sont les mêmes qu'il s'agisse d'une famille ou d'une entreprise. Seules changent les particularités des enjeux et des modes de la relation.

Dans nos formations au management, nous avons pris l'habitude d'élargir la notion de management à des fonctions d'autorité observées en dehors de l'entreprise.

En effet, si l'on considère que la nature du management est d'organiser et de conduire les activités d'autres personnes au service d'un système commun, cette notion peut souvent s'appliquer à d'autres domaines.

Du foyer au bureau et réciproquement

Ainsi, on peut dire de la mère de famille qui assume la gestion quotidienne du foyer qu'elle « manage » à longueur d'année. Elle s'occupe de son petit monde, donne des directives, équilibre les dépenses et les recettes, veille aux équipements individuels et collectifs, assure le suivi médical, répartit les occupations des espaces/temps, suit toutes les exécutions, etc.

Quand, dès la veille, elle prépare le démarrage de la journée suivante, elle manage. Elle anticipe la disponibilité des vêtements, fait faire les devoirs, supervise la constitution du contenu des cartables, etc. Elle sait que si elle ne résout pas ces questions, il y aura des retards, des ratés, et des distorsions toute la journée du lendemain. Au matin, elle reprend le pilotage pour faire en sorte que chacun soit debout à temps, que l'occupation de la salle de bain soit répartie équitablement, que chacun ait pris son petit-déjeuner avant de partir, etc.

Les femmes qui occupent ordinairement ce rôle ont déjà une grande expérience de management quand elles participent à nos formations. Mais souvent elles l'ignorent, comme Monsieur Jourdain faisant de la prose à son insu. Elles comprennent donc très vite à la fois le sens et les implications des apports que nous leur proposons.

Elles ont également, comme nous, une approche extrêmement pragmatique de la fonction d'autorité, car elles l'exercent dans la réalité. Elles savent à quel point il est difficile d'obtenir quelque chose contre l'avis du mari ou des enfants. Elles connaissent les limites d'une attitude autoritaire et préfèrent judicieusement investir sur la qualité de la relation à long terme.

Il est d'ailleurs tout à fait remarquable que, plus que la plupart des hommes, elles sont des stagiaires impliquées et attentives. Car leur très cher mari, lui aussi manager et « chef de famille » naturel, qui ne s'occupe que rarement de la gestion du quotidien, est bien souvent beaucoup plus passif, voire distant dans nos formations. Il sait tout : il est chef depuis si longtemps, il était déjà le chef de sa mère et de ses sœurs. Que peut-il bien faire dans une telle formation ? Il a pourtant les bons chromosomes ! Quoiqu'il distribue les ordres et les remontrances, il ne manage pas plus au travail qu'à la maison.

Bien souvent, il ne conçoit l'autorité que comme une position due, qui lui donne la capacité à imposer ses décisions, à tout faire ou à tout déléguer, pour ne pas avoir à traiter les problèmes qui l'ennuient.

On pourra trouver le trait un peu caricatural ou abusif dans sa généralisation, mais le fait est d'une banalité écrasante. De nombreux lecteurs ne se retrouveront pas dans cette dichotomie sexuée, mais cela ne supprimera malheureusement pas l'existence de tous les dominants qui sévissent à la maison comme au travail.

Exercice de l'autorité parentale

Contrairement au monde de l'entreprise, celui de la famille est par essence affectif. Mais ce n'est pas la seule différence. L'entreprise poursuit des finalités clairement identifiées : le profit ou le service public, et accessoirement sa propre pérennité.

L'objet de la famille ne lui est pas extérieur et il est plus sophistiqué.

Tout d'abord, la famille contribue essentiellement à la pérennité de l'espèce, comme le font toutes les structures d'organisation de la descendance chez les mammifères. Elle est donc vouée à la protection et au développement des « petits », jusqu'à leur autonomie. Comme pour les autres espèces, elle sert aussi à organiser la solidarité dans l'acquisition et la répartition des ressources.

De ces points de vue, la famille humaine remplit son rôle comme une meute de lycaons ou une troupe de dauphins. Le système d'autorité y sert à maintenir la cohésion du groupe, pour la survie propre de l'espèce, et secondairement pour la satisfaction de chacun de ses membres.

Cependant, comme c'est un système éphémère et qu'il peut être livré à la plus totale latitude du parent dominant, la famille peut devenir un monde en soi, pour le moins original. Elle peut être totalement isolée d'un point de vue idéologique et se doter de n'importe quelle finalité au goût d'un des parents. La fonction d'autorité peut donc emporter le système dans n'importe quelle dérive et poursuivre des objectifs extrêmement hétéroclites.

Quand on y regarde de plus près, ces différences correspondent à la satisfaction des besoins psychologiques particuliers d'un ou des parents. La famille est un espace sauvage où l'autorité peut s'exercer de la manière la plus nocive, si l'on n'y prend pas garde[1].

Il est frappant de constater à quel point les parents analysent peu leurs propres ressorts : ils sont parents de fait et donc *a priori* compé-

---

1. Voir le chapitre « Les nuisibles en famille » dans *Gérer les personnalités difficiles*.

tents. Rares sont ceux qui ont une réflexion sur les finalités de leur autorité. Cela fait partie des évidences, et d'ailleurs chacun fait comme il veut dans sa famille, puisque c'est la sienne.

Elle apparaît dès lors plus comme une sorte de terrain de jeux psychologique dont on est propriétaire, plutôt que comme un système partagé, qu'on a la responsabilité de conduire au service de soi comme des autres.

Le parent peut en faire soit un champ de bataille, presque sans règle sinon celle du plus fort, soit un jardin où l'on cultive les activités comme les personnes et où il se positionne comme arbitre au service de la clarté des jeux et des enjeux de ses ressortissants.

Finalités de l'autorité parentale

Pour ce qui nous concerne, nous invitons les parents à se situer par rapport à certains axes de valeurs qu'il nous semble opportun d'élucider.

Il appartient à chacun de faire ses choix et nous ne voulons rien imposer à personne. La logique de nos comportements est dictée par nos critères de réussite. Elle les définit et les hiérarchise. En effet, selon les critères de réussite choisis pour sa famille, on ne déploiera pas les mêmes règles, les mêmes stratégies, ni les mêmes comportements. Ce chapitre propose quelques repères pour se positionner d'une façon ou d'une autre.

Échelles de niveaux de pratiques de l'autorité parentale

Les échelles ci-après sont élaborées à partir de préférences sur les enjeux et les objectifs de l'autorité parentale. Dans ces grilles, nous supposons donc que les parents qui se conduisent au niveau 4 privilégient les critères de réussite suivants pour leur famille :

- le confort affectif individuel et mutuel dans le vécu quotidien : se faire plaisir, être écouté et entendu, avoir sa dose de câlins, pouvoir goûter des moments de bonheur, et compenser heureusement la pression extérieure ;

- la satisfaction des besoins sociaux, matériels et physiologiques, totalement équitable, personnalisée, accentuée par la solidarité et le partage des ressources comme des énergies ;

- la continuité de la famille avec le monde extérieur, espace d'apprentissage des systèmes de toute nature, pouvant accueillir et s'articuler avec les mondes particuliers de chacun des membres (amis, associations, etc.) ;

- la maintenance d'une relation durable et privilégiée entre tous les membres de la famille : au-delà des recompositions et des prises d'autonomie, la famille reste un lieu de ressourcement ;

- l'aboutissement du développement de chacun (anciens comme jeunes), en complète adéquation avec ses particularités de personnalité et d'orientation, y compris hors du cadre familial.

Bien sûr, d'autres parents peuvent choisir une autre politique familiale, fondée ou recomposée selon d'autres critères tels que :

- la pérennité du nom ;

- le taux de développement ou l'accumulation du patrimoine ;

- l'image morale ou la réputation ;

- le besoin des parents de ne pas être entravés par leurs enfants, dans leurs mouvements, leurs horaires, etc. ;

- l'économie d'énergie et de contrainte pour les parents ;

- la satisfaction prioritaire des besoins personnels des parents ;

- l'affirmation de la puissance parentale ;

- la satisfaction des besoins psychologiques des parents ;

- la réussite prioritaire d'un des enfants, l'aîné ou le plus brillant ;

- la prise de pouvoir par l'un ou les enfants sur l'entourage, leur environnement social, ou tout milieu dans lequel ils évoluent ;

- la valorisation des parents par la réussite sociale des enfants ;

- la satisfaction des besoins matériels des parents par la réussite financière des enfants ;

- la compensation des échecs des parents par la réussite des enfants dans les mêmes domaines ;

- la poursuite par les enfants des combats des parents ;

- etc.

Auquel cas, la hiérarchie des niveaux des échelles ci-dessous devrait être bouleversée.

Centrage du parent	
4	Parent pédagogue : centré sur l'évolution, l'autonomie, l'équilibre de l'enfant
3	Parent copain : centré sur le lien, la relation parent-enfant, le rôle du parent
2	Parent autoritaire/victime : centré sur les principes éducatifs, les règles, les valeurs
1	Parent centré sur lui-même, ses fantasmes et ses démons

Distanciation vis-à-vis de l'enfant	
4	Mondes bien séparés (frontières ouvertes et facilement adaptées)
3	Monde du parent modifié par celui de l'enfant (frontières négociées)
2	Monde de l'enfant contraint par celui du parent (frontières étanches, rarement ouvertes)
1	Mondes confondus, frontières inexistantes, ingérences croisées

Projections du parent	
4	Lucide et circonspect sur ses projections. Les connaît et les reconnaît
3	Admet la notion de projection : cherche à s'en défendre
2	Refuse l'idée d'avoir des projections : les justifie et les rationalise
1	N'accède pas à la notion de projection

Prise en compte du temps de l'enfant	
4	Intègre les rythmes de l'enfant, la façon dont il organise son temps comme un paramètre (évolutif) de la vie avec lui
3	Cherche à faire évoluer les rythmes de l'enfant, explique, argumente, démontre
2	Contraint régulièrement le temps de l'enfant à son propre rythme
1	Anachronique. Déjà pas au clair avec son propre temps, alors celui de l'enfant…

Usage de « l'autorité parentale »	
4	Use de « l'autorité parentale » comme d'un levier d'influence provisoire parmi d'autres
3	Use de son « autorité parentale » dans le cadre d'un contrat affectif/social/ moral/ éthique
2	Use de son « autorité parentale » comme d'un droit statutaire et inaliénable des parents
1	Use de son « autorité parentale » comme d'un défoulement, d'une compensation

Communication avec l'enfant	
4	Communication proposée sans condition, même en situation dégradée
3	Communication soumise à la confiance, au respect mutuel, à la capacité d'écoute
2	Communication soumise à des préalables, préséances, préventions et conditions
1	Communication aléatoire, fluctuante, imprévisible, contradictoire

Usage de la sanction/punition	
4	Envisagé comme un levier, en fonction de la « valeur ajoutée » qu'il apporte
3	Négocié en cas de faute en fonction de la réparation ou de la prise de conscience
2	Systématique en cas de faute, qu'il y ait réparation et prise de conscience ou non
1	Aberrant : laxisme/injustice/démesure

Usage de la menace	
4	Usage rare. Le parent n'utilise jamais une menace qu'il ne peut pas mettre à exécution
3	Limite l'usage. Le parent essaye de partager avec l'enfant la légitimité de l'exécution
2	Menace souvent. Exécution systématique sur les situations « allergènes »
1	Ne se rend pas compte qu'il menace. Exécution souvent disproportionnée

Le lecteur aura compris qu'il n'existe pas de valeur absolue, ni de principe d'autorité indiscutable. Il n'y a que des choix de vie.

Mais il y a bien une règle de fond à respecter : il convient de mettre ses pratiques d'autorité en accord avec ses valeurs si l'on veut les satisfaire. Pour cela, il faut être lucide sur les unes comme sur les autres.

À faire

Il convient de remarquer que, dans la famille comme dans l'entreprise, les mêmes causes ont les mêmes effets. Une politique de dominance vise partout des buts identiques et fonctionne sur les mêmes ressorts. Aussi, nous avons une préconisation pour ceux qui choisiraient une politique de leadership dans l'équité : autant la déployer également dans tous les milieux sans autre retenue. En l'appliquant partout, on se dote d'automatismes de conduite.

Autrement dit, on développe une compétence relationnelle spécifique qui se nourrit des expériences croisées et qui permet d'atteindre des niveaux d'efficacité et de confort bien supérieurs.

Exercice de l'autorité
dans les systèmes hiérarchiques

Nous avons développé jusqu'ici la question de l'autorité sous l'angle de la simple relation entre le tenant et le ressortissant. Mais il existe de nombreux systèmes où les couches d'autorités se superposent.

C'est le cas des entreprises d'une certaine taille, des organismes de toutes sortes, des corps comme l'armée ou la police, de l'Église, des structures territoriales, etc.

L'exercice de l'autorité y a des caractéristiques spéciales, dans la mesure où le même acteur est à la fois tenant et ressortissant.

On peut figurer cette situation comme sur le schéma ci-après.

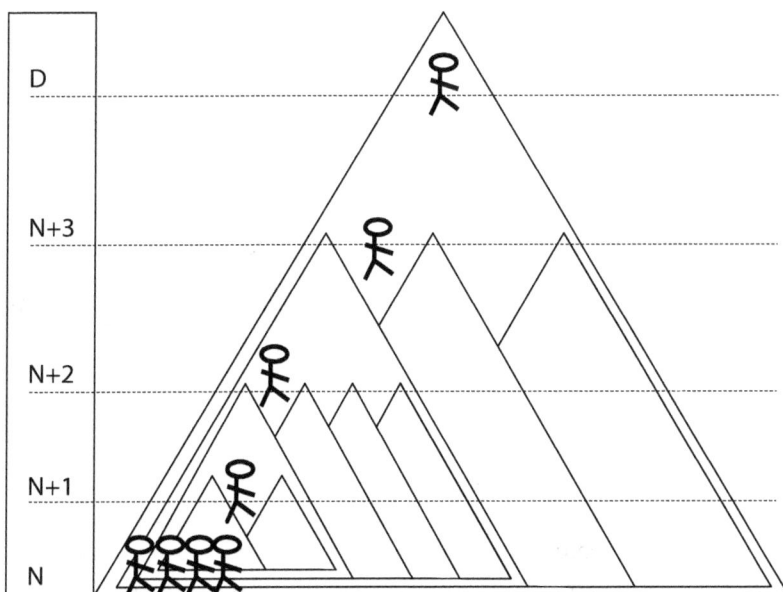

La pyramide représente à sa base les acteurs « N » qui n'ont pas de fonction d'autorité.

Le niveau N+1 représente la première strate d'autorité (souvent dite « de proximité »).

Les niveaux N+2, N+3, et ainsi de suite, représentent les échelons d'autorité intermédiaires.

Le niveau D représente l'autorité supérieure ou dirigeante.

Dans un tel système, les fonctions d'autorité ne sont pas identiques aux différents étages. Pour que le système soit efficace, les diverses fonctions ne doivent pas se concurrencer.

En règle générale :

- le niveau N+1 a pour mission de discipliner les activités de base et les exécutions ;

- le niveau N+2 s'assure de la coordination des activités des unités de base et garantit la pertinence des pratiques d'autorité des responsables de niveau N+1 ;

- les niveaux N+3 et supérieurs décident de l'organisation, des processus, des moyens et de la conformité de l'application des stratégies, et garantissent la conformité des pratiques d'autorité de niveau N+2 ;

- le niveau D décide des politiques et des stratégies générales, et dicte la politique d'autorité de l'ensemble du système.

Évidemment, dans ses pratiques d'autorité, chaque niveau est exemplaire et sert de modèle aux niveaux subalternes, du moins en théorie. En réalité ce n'est pas toujours ainsi que cela se passe.

Cascade hiérarchique

De fait, les pratiques d'autorité tendent à se reproduire et à s'accentuer dans leurs défauts en descendant la pyramide. Car il est bien difficile pour un tenant de niveau intermédiaire de résister aux modes de fonctionnement dégradés de son supérieur. Finalement il les imite, voire fait de la surenchère pour se rendre crédible dans la perspective d'une promotion.

Comme l'eau qui descend des montagnes par les torrents, et qui provoque la débâcle au fond de la vallée, la perversion de l'autorité fait ses plus gros dégâts au pied de l'échelle.

La maîtrise de l'autorité ne sert pas seulement à imposer l'exécution des devoirs nécessaires au système. Elle permet également d'imposer ses modes de fonctionnement et ses distorsions propres aux niveaux inférieurs. Ce phénomène est d'autant plus important qu'il est exacerbé par une politique pointue de dominance

À faire

Dans un environnement où se mêlent les mauvais usages des ressources d'autorité, un tenant attaché à une politique respectueuse de ses ressortissants doit s'opposer pour interrompre la cascade. Ce faisant, il se met en danger pour protéger les équilibres de son unité. Il y gagne cependant en leadership auprès de ses subordonnés. C'est un choix très personnel.

Dans tout système hiérarchique, la pratique de l'autorité ne peut pas être un simple exercice individuel. Elle est autant déterminée par les contraintes venues d'en haut que par la culture du milieu, les façons en usage chez les pairs et les ressorts d'obédience des populations de ressortissants.

Dominant et dominé à la fois

On voit souvent des responsables d'un niveau intermédiaire se conduire de façon apparemment divergente selon qu'ils sont en relation avec leur hiérarchie supérieure ou inférieure. Obséquieux et mièvres avec leur patron, ils sont particulièrement cassants et autoritaires avec leurs subordonnés.

C'est logique dans la mesure où ils considèrent la relation d'autorité comme une relation de dominance. Pour eux, toute personne en position d'autorité doit adopter une posture de dominant, et toute personne en position subalterne doit adopter une posture de dominé. Comme ils sont successivement dans chacune des deux positions, ils alternent les deux attitudes. Plus précisément, ils ont tendance à reproduire au-dessous d'eux ce qu'ils subissent de la part du dessus, en l'accentuant au passage.

Naturellement, il leur paraît normal de subir les pressions conjuguées de tous les étages qui les dominent, mais en retour ils ne se privent pas de faire subir cette pression à tous les niveaux inférieurs. Les niveaux subalternes sont pour eux des cibles privilégiées de la compensation, sinon de la vengeance. Il va sans dire que, pour eux, le bonheur est évidemment de se retrouver au sommet de la pyramide, afin d'éviter les avanies et de pouvoir en distribuer sans compter.

D'ailleurs, ils ont le plus souvent été recrutés et affectés à leur poste par d'autres dominants, fidèles en cela à leurs représentations et à leurs propres pratiques. Ces dirigeants modèles sont ainsi certains de la servilité de leurs auxiliaires, et de leur capacité à relayer leurs injonctions.

Pile hiérarchique

Une autre caractéristique d'un système hiérarchique est le phénomène de pile : un tenant n'est jamais seul à peser sur une situation et affirmer son autorité. Il devrait normalement pouvoir faire appel à la somme des poids relatifs de tous ses niveaux supérieurs pour obtenir gain de cause face aux résistances de ses ressortissants.

Malheureusement, la pile hiérarchique est bien souvent aux abonnés absents quand le N+1 la sollicite. Plus grave, il n'est pas rare qu'elle pèse de tout son poids… sur le N+1 lui-même pour ne pas avoir à contrarier un N. Ce cas de figure est extrêmement fréquent dans les organisations institutionnelles, où les dirigeants sont très frileux vis-à-vis d'éventuels mouvements sociaux.

Le poids de la pile est une force qui peut s'exercer dans toutes les directions et de toutes les façons possibles, au service comme aux dépens du système. Elle peut aussi s'exercer contre l'autorité. Cela ne dépend que du courage, de la lucidité et de la compétence des dirigeants.

Confusion hiérarchique

Il est également fréquent que les tenants d'un niveau se substituent au niveau inférieur dans ses missions, voire aux niveaux N-1 ou N-2. Ce n'est pas parce qu'on est à un étage supérieur de la fusée qu'on apporte forcément une valeur ajoutée en intervenant dans tous les étages inférieurs.

À éviter

En se mêlant des tâches de ses subalternes, un supérieur hiérarchique ne fait bien souvent qu'imposer ses préférences de détail, tout en affaiblissant l'autorité de son ressortissant. C'est dérisoire, maladroit, inutile et stupide. Et l'analyse qu'on peut faire ordinairement de ses motivations est assez désolante. Sous le prétexte prétentieux d'améliorer les productions de ses ressortissants, il y trouve surtout le moyen de faire des choses plus faciles que la réalisation de ses propres tâches, sans avoir à en assumer les inconvénients directs.

S'il est systématique, cet interventionnisme lamine le système d'autorité au profit de l'autoritarisme boulimique du tenant qui s'y adonne.

Mais il peut être tout à fait versatile et s'exprimer sporadiquement. Le tenant débarque sans prévenir au gré de ses goûts, de ses inquiétudes ou de ses disponibilités. Dans ce cas, ses interférences alternent avec sa totale disparition dans la stratosphère des instances de direction.

Irresponsabilité hiérarchique

La prégnance de ce genre de situation est assez frappante en entreprise entre les niveaux N+2/N+3 et le niveau N+1.

Les premiers ne font pas de différence entre leurs missions et celles de
leurs subordonnés. Soit ils se mêlent de tout de façon intempestive,
soit ils les abandonnent. Ils ne répondent pas aux demandes, sinon
par des pirouettes. Ils forcent les objectifs et relèvent les compteurs.
Ils s'approprient les réalisations de leurs collaborateurs mais trouvent
toujours de quoi les réprimander et portent des jugements. Et surtout, dès qu'ils rencontrent une difficulté à leur niveau, ils la trans-
mettent au niveau inférieur pour s'en débarrasser ; tout en exigeant
évidemment que le problème soit réglé très vite, sans faire de vagues
et sans moyens supplémentaires.

Normalement, par nature, leur fonction d'autorité devrait leur imposer une conduite inverse. Le rôle d'un manager de base, N+1, est surtout de réunir les conditions immédiates pour que les opérateurs de
niveau N puissent exécuter leurs tâches au mieux des intérêts du système. Le rôle d'un manager de niveau intermédiaire est donc d'aider
le management N+1 à régler tous les problèmes qu'il rencontre et
qui ne sont pas de son ressort. Mais il arrive qu'il se serve de sa position pour retourner le système à son profit : le management de proximité est parfois la poubelle du management intermédiaire, qui s'y
défait des encombrants et des irritants.

Autorité de l'autorité

Tout cela ne peut avoir lieu que grâce à la négligence des niveaux
supérieurs, qui préfèrent supposer que tout va bien dans le meilleur
des mondes. D'ailleurs, c'est ce que leur disent les N+2 et N+3 !

Des managers de tous les niveaux intermédiaires et supérieurs peuvent mêler habilement la lâcheté, l'hypocrisie, des piques d'autoritarisme cassant, les faux-semblants de vision stratégique, l'interférence
aléatoire, et les discours volontaristes servant à cacher leur impuis-

sance velléitaire. Ces abus sont connus de leurs collaborateurs et de leurs pairs mais il ne leur arrive rien car ils parviennent toujours à filtrer ce qu'il en apparaît à l'échelon hiérarchique supérieur.

Mais me direz-vous, que fait la police ? Rien ! Car dans la plupart des systèmes hiérarchiques, il n'y a justement pas de police des pratiques d'autorité. Certes il existe des polices des pratiques de production, des pratiques de gestion, des pratiques d'exécution, des pratiques de dépenses, des pratiques de qualité, etc. Il y a même une police des polices.

Mais il n'existe pas de contrôle des fonctions d'autorité, comme s'il y avait un consensus des chefs pour protéger la liberté du chef en tant que tel, et en général. Comme s'il y avait une sorte de vague conscience de l'incompétence partagée des tenants des fonctions d'autorité.

À discipliner ses petits camarades, ne risquerait-on pas de devoir se discipliner soi-même ?

L'observation de nombre de systèmes hiérarchiques révèle que des sanctions réelles n'apparaissent que pour des abus d'autorité exorbitants, allant au-delà des limites du droit général et qui mettent en danger la pérennité des statuts et des pouvoirs des confrères.

Les institutions, organismes et entreprises concernées, ne perçoivent pas la valeur ajoutée de l'autorité en tant que telle, comme facteur de réussite.

Ce défaut de perception est dû au fait que l'étage où devrait se situer l'autorité de l'autorité, autrement dit le plus haut dirigeant, confond l'autorité nécessaire du système avec la sienne.

Sa pratique de l'autorité n'a pas de raison d'être meilleure ou pire que celles des autres. Des exemples nombreux montrent que ce n'est pas grâce à telle ou telle pratique qu'on accède aux plus hautes fonctions. En la matière, le pire côtoie le meilleur. Mais il arrive que les pratiques se dégradent au fur et à mesure qu'on s'élève dans les niveaux de responsabilité. En effet, il est de plus en plus facile de se prendre pour une personne supérieure et de nourrir l'illusion que c'est parce qu'on est un chef exceptionnel qu'on atteint ces niveaux. Certains y sont parvenus en détournant les systèmes au profit de leur mégalomanie, de leurs turpitudes ou de leurs obsessions : il suffit de constater quelques récents et très odieux désastres d'État, d'empires industriels ou d'institutions de secours pour s'en convaincre.

Exercice de l'autorité dans les systèmes clos et ouverts

Les systèmes clos

L'entreprise, l'école sont des systèmes d'autorité clos. Quand on y est, on dépend presque totalement du système, on peut difficilement s'en échapper, ou très marginalement, et pas quand on veut. Les activités y sont dédiées ou réservées et l'on est très limité dans nos capacités à y faire autre chose.

De la même façon, à cause de contraintes physiques ou sociales évidentes, on pourrait considérer comme des systèmes clos, bien qu'ils soient provisoires : un vol long courrier, une croisière hauturière pour traverser l'Atlantique, une plongée longue en sous-marin, un séminaire de formation ; également le séjour dans une secte, un couvent, une maison de retraite, ou contraint dans un hôpital psychiatrique, etc.

Dans tous ces systèmes, l'autorité est à la fois très prégnante et déterminante sur les performances comme sur le vécu des participants. Les écarts de pratiques y auront donc des effets amplifiés. On s'attendrait alors à ce que la compétence dans les pratiques d'autorité y soit systématiquement plus développée qu'ailleurs. Ce n'est malheureusement pas le cas.

Nous pourrions développer chacune des situations types évoquées ci-dessus mais cela nécessiterait un ouvrage en soi car tous sont des cas particuliers qui ont leurs fonctionnements très spéciaux. Cependant, l'école peut nous fournir quelques pistes d'analyse intéressantes.

L'école

C'est un monde où les pratiques d'autorité sont hétérogènes et livrées aux inclinations très personnelles des tenants. Hormis des interdits physiques à ne pas dépasser, les enseignants n'ont vraiment ni cadre, ni modèle d'exercice de leur autorité. Certains sont puissants, d'autres extrêmement faibles dans l'exercice de l'autorité. Ils sont livrés à eux-mêmes, et leurs élèves sont livrés à leur bon vouloir ou à leur bon pouvoir.

Pour les élèves que nous sommes, ou que avons tous été, la rencontre d'un nouvel enseignant est, ou a toujours été, une sorte de loterie inévitable et particulièrement hasardeuse.

Somme toute, les enseignants sont dans la même situation que les parents, avec les mêmes bagages, les mêmes croyances, les mêmes incompétences et les mêmes pratiques. Ils présentent la même capacité à être efficaces dans certains cas, impuissants dans d'autres. En tant que parents, ils ne réussissent d'ailleurs ni mieux, ni pire, que les autres parents, ni autrement que l'enseignant qu'ils sont.

On doit encore leur concéder qu'ils ne sont pas préparés pour la pratique de l'autorité. Essentiellement formés au contenu de l'enseignement, et très accessoirement au versant chronologique de la pédagogie, ils ne le sont pas à l'exercice de l'autorité. Il est vrai qu'ils reçoivent des cours de « discipline » dispensés par d'autres ex-enseignants, eux-mêmes sortis des classes parce qu'ils y rencontraient quelques difficultés.

Peut-être sont-ils censés être compétents et omnipotents par la simple intronisation dans leur fonction ? C'est là une autre similitude avec le statut des parents, qui sont promus par les lois de la nature sans autre équipement que leurs (bonnes ?) intentions et leur (formidable ?) vécu d'enfant.

Comment peut-on croire qu'en passant de l'autre côté du bureau, sans donc avoir jamais quitté l'école, l'ex-étudiant, tout juste promu enseignant, dispose tout à coup de la compétence d'autorité ? Quel est donc ce miracle ? La bonne fée République y aurait-elle pourvu en même temps qu'à sa rémunération ?

Les enseignants ne sont pas plus évalués là-dessus qu'ils n'ont été formés.

Le plus étonnant dans cette affaire est que de nombreux enseignants revendiquent haut et fort la prépondérance de leur rôle éducatif.

Pour sûr, la première expérience d'implication de fait des enfants dans le rapport autorité/obédience est déterminante sur leur conduite ultérieure dans chacune des deux positions. Les enfants passent à l'école plus de temps socialisé que dans n'importe quel autre domaine. La durée de vie ainsi occupée est considérable. Ils sortent du système scolaire avec vingt à trente mille heures d'obédience au compteur, entre les cours, la cantine, les récréations et les garderies.

Mais quelle peut être la valeur éducative de ces pratiques et conduites divergentes, aléatoires, désordonnées, et parfois incongrues ou carrément déviantes ? Quelle valeur éducative y a-t-il à priver de récréation un élève agité ? En matière de notation, de sanction, de répression, il y a autant d'écoles que de maîtres. Il y en a peut-être même un peu plus si l'on considère l'amplitude des changements d'état d'humeur de certains enseignants.

Mais la « liberté pédagogique » du maître est un tabou qui justifie toutes les conduites, qu'elles soient abusives, invasives ou au contraire équitables et respectueuses.

L'école est un système clos qui héberge un autre sous-système clos : la classe.

À l'école, au lycée, à la fac, l'élève subit un enchaînement chaotique de pratiques d'autorité dont il repère parfaitement que la justification ne tient qu'aux particularismes psychologiques de ses enseignants.

Doit-il y faire son marché comme futur tenant ou futur ressortissant ? Et selon quels critères ?

Oui, l'école forme en chacun de nous l'un et l'autre. Mais ce qu'elle modélise, c'est le droit individuel à faire n'importe quoi, n'importe comment. C'est aussi le droit du plus fort, c'est le droit de résister comme on peut face aux errements des autorités, pourvu qu'on ne se fasse pas prendre… Et elle nous apprend aussi par l'exemple qu'il vaut mieux disposer de l'autorité statutaire pour échapper aux contraintes du droit. Le droit est finalement plus réel pour les ressortissants que pour les tenants.

Du caméléon qui regardait dans un kaléidoscope

Le constat est assez navrant : dans leur majorité, parents et enseignants se réfugient chacun de leur côté dans leurs prérogatives. Le parent n'a pas accès à la classe, l'enseignant ne peut rien dire, ou ne veut rien dire, au parent sur la façon dont il éduque son enfant. Du coup, l'enfant vit la douche écossaise des pratiques divergentes au quotidien. Au lycée, en changeant de professeur plusieurs fois par jour, il peut vivre un véritable kaléidoscope d'autorités. Il élabore souvent ailleurs sa philosophie très personnelle des bons rapports d'autorité, avec les copains et les copines.

Entre les deux parents, les amis des parents, les grands-parents, les enseignants, les cadres sportifs, les copains, et ainsi de suite, l'enfant en est réduit à jouer au ressortissant caméléon. Il s'adapte bon gré mal gré à la multitude des modes d'autorités auxquels il est soumis et change de peau et de mode d'obédience aussi souvent qu'il passe d'un monde à l'autre. C'est le seul véritable facteur éducatif tangible de sa situation.

Mais attention, sa compétence acquise dans le rôle du ressortissant polyvalent ne le rend pas spontanément plus compétent dans le rôle de futur tenant : il fera probablement subir à d'autres une bonne partie de ce qu'il a subi lui-même. Il aura pris l'habitude d'observer l'impuissance des tenants, la considérant désormais comme une fatalité.

Les adolescents ont rarement de bons modèles. Quand on rencontre un tenant d'une autorité vraiment puissant, « cool » comme disent les ados, et qui n'a pas l'usage de tous les expédients abusifs, c'est si rare que ça se remarque. On s'en souvient.

Les systèmes ouverts

Par ailleurs, et simultanément, l'autorité peut s'exercer directement vers des populations dont l'appartenance au système n'est que très partielle, passagère, et qui peuvent soit quitter le système, soit faire librement autre chose pendant qu'elles y participent.

Il en est ainsi par exemple de l'exercice de l'autorité policière vis-à-vis de l'ensemble des citoyens, de celle des contrôleurs vis-à-vis des voyageurs dans les trains, de celle des systèmes de santé vis-à-vis des malades, ou encore de celle de l'URSAFF vis-à-vis des entreprises. Dans ces cas précis, les ressortissants ne font pas partie du système, mais ils y participent accessoirement. On est souvent ressortissant de très nombreux systèmes de ce genre. On ne les choisit pas tous, mais on sait, dès lors qu'on y participe ponctuellement, qu'il faudra se soumettre aux autorités correspondantes.

Il convient de remarquer qu'en l'occurrence les tenants de l'autorité, acteurs et exécutants des règles, sont le plus souvent des salariés de ces systèmes, qui eux-mêmes fonctionnent comme des entreprises ou des institutions.

Ces opérateurs de l'autorité sont extrêmement nombreux. Ce sont d'abord tous ceux qui sont en contact direct avec les publics ou les ressortissants de ces systèmes : vendeurs, guichetiers, personnel infirmier, contrôleurs, conducteurs, conseillers, visiteurs, etc.

Ce sont ensuite, de façon indirecte, tous ceux qui sont invisibles du public mais qui traitent les dossiers et font exécuter des processus administratifs. Évidemment, tous se retrouvent également de l'autre côté de la barrière, ressortissants d'autres systèmes, assujettis à l'impôt ou automobilistes, comme tout un chacun.

Discipline de la discipline

Les pratiques d'autorité de ces agents des systèmes ouverts de toutes sortes sont tout à fait hétéroclites, et généralement plutôt hétérogènes à l'intérieur de chaque système. On peut y retrouver tous les modes de fonctionnement et les usages décrits plus haut, dans la plus grande cacophonie. Rares sont les systèmes qui disciplinent vraiment les comportements de leurs agents. On leur donne des consignes, on les forme parfois, mais on ne leur impose pas une pratique plutôt qu'une autre.

Chacun se conduit assez librement comme il le sent, comme il « est », comme il préfère.

De fait, certains organismes sont plus soucieux de respecter les variations de personnalité de leurs salariés que l'éthique des relations subies par leurs ressortissants.

Par conséquent, là non plus il n'existe pas de discipline de la discipline.

En fait, dans ces systèmes, on attend surtout des agents qu'ils « s'en tirent » à peu près sans faire trop de vagues. Peu importe la façon dont ils traitent leurs interlocuteurs : tant que le ressortissant ne manifeste ni résistance ni opposition active, la règle a été imposée ; on considère que la fonction d'autorité a été correctement exercée. Finalement les systèmes concernés se contentent d'un accompagnement minimaliste des pratiques de leurs agents dès lors qu'ils ont trouvé un équilibre approximatif dans l'application effective des règles. Ils ne s'inquiètent à nouveau du problème que lorsque celui-ci s'amplifie et provoque des distorsions graves qui remettent l'organisme sur la scène médiatique ou judiciaire, ou bien qui entraînent des conflits coûteux.

L'observation régulière de ces systèmes fait apparaître qu'ils privilégient l'expression technique de leur prestation et le respect des règles sur tout autre critère. Le tenant est réputé avoir fait son devoir s'il a respecté les procédures, pu et su dire non au moment opportun, rendu le service désigné et obtenu finalement l'application des règlements.

Que le ressortissant ait été un peu manipulé, humilié, stimulé affectivement, informé incomplètement, importe peu. Le citoyen, ressortissant de tous ces systèmes, subit ainsi à longueur de temps de multiples et insidieuses prises de dominance. Elles ne sont jamais justifiables ni sur le fond ni dans la forme, mais elles sont imposées au nom du droit et de la nécessité. Les agents donnent bien trop souvent la leçon au-delà de leurs attributions. L'infantilisation est malheureusement le mode le plus utilisé par ces tenants de l'autorité quand ils sont en défaut de puissance personnelle.[1]

À leur décharge, il peut être utile de constater que ces systèmes sont également des systèmes hiérarchiques en interne, dont les pratiques d'autorité propres ne sont pas idéales et pas mieux disciplinées.

Dans de telles conditions, on peut comprendre que les agents manquent de repères pour faire mieux avec leurs ressortissants que leurs chefs ne font avec eux-mêmes.

Les pratiques d'autorité hiérarchiques, lorsqu'elles sont dégradées, altèrent les pratiques d'autorité des agents vers les ressortissants.

L'exercice de l'autorité dans les systèmes d'engagement volontaire

Il existe d'autres types de systèmes : ceux dans lesquels les gens s'engagent volontairement et choisissent d'obéir à des règles qui ne leur étaient pas imposées.

Systèmes associatifs

Quand ils sont de grande taille, leur fonctionnement se rapproche de celui de l'entreprise ou des institutions, avec des ressorts et des dis-

---

1. Ces comportements sont des facteurs de conflit entre tenant et ressortissant. Voir *Maîtriser les conflits*, « Du métier de la confrontation ».

torsions comparables. Plus petits, ils s'articulent plutôt comme la famille, là aussi avec des ressorts et des distorsions comparables. C'est souvent un mélange des deux qui se met en place.

On pourrait croire que la liberté d'entrée et de sortie des membres limite ou réduit certaines dérives dans les pratiques d'autorité, mais ce n'est pas le cas. Une fois à l'intérieur d'une association, il peut être délicat de s'y opposer comme de la quitter sans assumer des culpabilisations psychologiquement difficiles à supporter. Certaines associations évoluent comme des systèmes clos, voire sectaires.

La diversité des pratiques d'autorité y est d'autant plus grande que la variation des objets d'intérêts pouvant y réunir les gens est immense, et avec elle, la variété des buts poursuivis, des idéologies et des valeurs de référence. C'est un univers où tout est possible, d'autant que la législation sur la constitution des associations permet des latitudes limitées seulement par le droit général. Mais personne ne va voir ce qui s'y passe.

Évidemment, les pratiques d'autorité y sont encore moins disciplinées qu'ailleurs. La personnalité du fondateur ou du président est en général le paramètre déterminant de la politique d'autorité réelle du système. La distribution des fonctions d'autorité y est essentiellement déterminée par les préférences et les cooptations décidées par ce même dirigeant dominant.

Le paramètre du volontariat peut même servir d'argument pour justifier les écarts puisque si les membres sont là, c'est qu'ils l'ont bien voulu, et donc qu'ils sont d'accord.

Il n'y a pas de droit de l'autorité dans les associations, mais il y a au contraire un droit à inventer son mode d'autorité.

La solution aux problèmes d'autorité dans ces systèmes ne peut donc exister en dehors du ressortissant lui-même. Il ne peut pas infléchir les pratiques mais il peut quitter l'association ou créer une association concurrente.

Systèmes informels

Parfois des groupes se créent sans règles, sans ordre défini, sans for-malisme. Quoique rien ne soit officiellement établi, il s'y instaure des prises d'autorité, des préséances, qui se reproduisent et qui sont par-fois inamovibles.

Ici, le seul paramètre qui organise les hiérarchies, les droits et les rela-tions, est le réseau des rapports de force, d'attachement et d'utilisa-tion mutuelle entre les individus.

Ces systèmes peuvent être motivés par toutes sortes de rencontres d'intérêts croisés, de besoins, d'activités, ou d'opportunité. Il sont souvent plus instables que les systèmes associatifs mais ne sont pas plus souples pour autant, ni plus faciles à quitter.

En revanche, ils ont une forte tendance aux abus de toutes sortes. À ce titre, ils sont le terrain de jeux favori des malades de la dominance et du sadisme. Mais ils peuvent être également des espaces de qualité rare dans les relations.

Dans de tels systèmes, la question de la pertinence des pratiques d'autorité relève intégralement des choix individuels de composition et de participation. Nous ne nous y aventurerons pas.

Un couple est par exemple un système informel où les principes d'égalité et d'équité ne règlent pas forcément les modes de relation.

Le cas très particulier de la politique

Le monde de la politique pose une problématique de l'autorité à trois niveaux :

- celui de l'organisation et du fonctionnement des partis : il s'agit d'en prendre la tête et d'être désigné ;

- celui de la prise d'influence sur les électeurs : il s'agit d'obtenir leurs suffrages ;

- celui de l'exercice du pouvoir : il s'agit d'accéder aux commandes et de les conserver pour conformer l'état de la société à ses convictions ou aux intérêts de son clan.

Au premier niveau, le fonctionnement des partis mêle des pratiques empruntées aux entreprises, aux associations, à la tribu et aux systèmes informels. On peut y observer toutes sortes de comportements et de rapports de force assez banals.

Ce fonctionnement serait sans intérêt s'il n'était pas pour le moins révélateur des pratiques et des modèles attendus aux deux autres niveaux (celui de la prise d'influence et celui de l'exercice du pouvoir). Les électeurs devraient connaître les secrets cachés des cuisines internes pour être édifiés sur les comportements de gouvernance de leurs futurs élus.

Au deuxième niveau, nos mêmes électeurs disposent de tous les indicateurs significatifs de la réalité probable du troisième. Mais ils n'en font habituellement guère usage.

Le lecteur pourra, pour sa gouverne, réviser les ressorts d'acceptation développés au chapitre 2 et s'interroger sur ceux qui l'animent personnellement dans ses choix électoraux. Il pourra réviser le chapitre 3 pour étudier les moyens qu'utilisent les politiques pour le séduire.

Évidemment, rien n'interdit aux candidats d'exploiter ces mêmes grilles pour élucider leurs propres pratiques, et éventuellement les peaufiner, ou y faire du ménage…

Au troisième niveau, pour l'électeur, il est souvent bien tard pour réviser la pertinence des analyses des niveaux précédents. Il devra donc attendre la prochaine élection pour corriger le tir.

Les responsables politiques ont désormais pris l'habitude de se faire aider pour étoffer et affiner leurs programmes, de s'entourer d'experts dans tous les domaines, de se faire coacher pour parfaire leurs pratiques de communication. Mais ils restent apparemment étrangement solitaires dans la genèse et l'adaptation de leurs pratiques d'autorité. Ils semblent peu s'inquiéter de l'érosion inéluctable de leur puissance. Et bien qu'elle se dégrade, ils empilent les bourdes, ils se dispersent dans l'usage d'expédients ou de moyens aléatoires ou dilatoires.

Et, ce faisant, ils continuent cependant à donner au peuple la leçon sur les terrains de la pérennité des autorités de l'État, de la famille, ou des institutions.

Mais, comme disait l'enfant de la fable, « l'empereur est nu ! »

Stratégies et pratiques d'autorité avancées

En faisant le constat de leur impuissance, les autorités ne peuvent s'en prendre qu'à elles-mêmes.

L'exercice de l'autorité est une activité sophistiquée, complexe et délicate, qui requiert des compétences spécifiques. Elle exige une organisation rigoureuse des comportements et des relations mis en place entre tenants et ressortissants.

Mais, dans leur grande majorité, les tenants sont plutôt complaisants avec leurs propres conduites et se laissent porter par leurs inclinations psychologiques.

L'analyse des faiblesses de l'autorité fait apparaître quelques ressorts très communs qui amènent les tenants à utiliser des expédients, courant à l'échec.

Faiblesses de l'autorité et préconisations

De la précipitation à la patience

Si l'on est tenant de l'autorité et que l'on se heurte à la résistance du ressortissant, on cherche aussitôt à faire cesser ce comportement inadéquat. On se fixe donc un objectif de performance totalitaire qui voudrait que, dans l'idéal, le problème soit réglé immédiatement. La solution se veut puissante, simple, disponible, applicable dans l'instant. Bref : un expédient !

Sauf à utiliser un levier violent, cette solution ne peut pas marcher. Dans la relation d'autorité, « le plus tôt possible » n'est jamais « maintenant ». Il est toujours « plus tard » : une progression est nécessaire. Car pour évoluer dans leur comportement, les ressortissants ont besoin de temps. Et ce temps sera d'autant plus long que leur résistance initiale est plus forte. Cette loi a la peau dure et elle est irréductible.

Malheureusement, c'est justement quand la résistance est la plus forte que ses effets sont les plus dommageables et qu'ils affectent plus sensiblement le tenant, qui voudrait donc y remédier d'autant plus rapidement. C'est un paradoxe auquel un bon tenant doit cependant s'adapter s'il veut être efficace.

De l'implication personnelle à l'engagement fonctionnel

En cas de résistance, le tenant peut se sentir remis en cause dans sa personne, son statut, sa puissance individuelle. Il peut aussi se sentir moins respecté ou reconnu par les ressortissants, voire menacé dans sa capacité ultérieure à conduire le système. Il peut encore vivre la résistance comme un déni d'attachement, d'affection ou de son rôle éducatif.

Il en est alors très affecté, ce qui entraîne deux conséquences :

• il en veut au ressortissant qui est à l'origine de cette souffrance chez lui ;

• l'enjeu de la reprise d'autorité est plus aigu et sollicite en lui des ressorts psychologiques plus profonds.

Dès lors, il ne s'agit plus seulement d'obtenir gain de cause sur l'objet concerné, mais surtout d'obtenir réparation aux dépens du ressortissant, qui doit être en peine de ce qu'il a fait ou n'a pas fait. Il faut encore s'assurer que la situation ne se reproduira plus. L'objectif induit de l'acte d'autorité devient exorbitant.

Le tenant sort donc la grosse artillerie en cumulant plusieurs moyens. Il y intègre pêle-mêle des leviers à forte capacité de dégradation de la relation, tels que l'usage de la menace, du lien affectif, la peur, la pression et la « surcommunication ». L'effet est en général immédiat : le ressortissant est vivement inquiet et déstabilisé ; à plus long terme, la pression exercée sur lui ne fait qu'augmenter sa résistance à l'autorité. Le cercle vicieux est alors enclenché.

La relation d'autorité ne peut être efficace que si elle est durablement protégée de l'emprise identitaire et affective du tenant. Les clés de cette relation se trouvent entre le système et le ressortissant, indépendamment des particularités ou des sensibilités personnelles du tenant. Ceci est vrai y compris dans la famille.

Par conséquent, le tenant puissant ne peut être que celui qui ne perd pas de vue qu'il remplit une *fonction* qui a ses propres lois et mécanismes. La relation d'autorité ne peut pas raisonnablement lui servir de terrain vague pour réaliser ses fantasmes et « vider ses seaux ». Sachant cela, il gagnera en confort (ainsi que ses ressortissants) comme en efficacité.

De la réaction à la compétence

En cas de résistance, le tenant réagit en utilisant le premier levier qui lui vient, comme un piano qui émet un son quand on appuie sur une touche. Les stimuli sont si nombreux, les habitudes si fortement ancrées, qu'on ne prend pas le temps de réfléchir. Les réponses spontanées des tenants à leurs besoins d'obéissance sont donc largement automatisées. Elles sont rarement délibérées et tout aussi rarement évaluées sur leur efficacité réelle.

Si ça ne marche pas, c'est forcément la faute du ressortissant rétif. On active donc un peu plus fort le même levier, en espérant naturellement faire céder ce barrage. Et ainsi de suite, jusqu'à obtenir gain de cause. En général, le ressortissant finit par abdiquer. Le tenant est mécontent d'avoir « ramé », mais content d'avoir gagné, rassuré dans sa toute-puissance et convaincu de maîtriser les bons leviers. La preuve est faite !

En réalité, si le ressortissant finit par obtempérer, c'est parce qu'il est en position de dépendance, que la pression devient trop forte et qu'il y laisse des plumes. Le coût est trop élevé pour lui ; il ne peut le faire passer par pertes et profits.

Ce que le tenant n'envisage pas, c'est qu'il aurait peut-être pu obtenir mieux, plus tôt, et plus facilement s'il s'y était pris autrement. Car en agissant comme il l'a fait, il a profondément altéré la relation et s'est condamné à devoir en faire encore plus la fois suivante. Au passage, le ressortissant s'est blindé et a acquis un degré de capacité de nuisance supplémentaire.

Un tenant efficace se pose régulièrement la question de la pertinence de ses pratiques et s'interdit de justifier *a priori* ses difficultés et ses échecs par la rigidité supposée des ressortissants. Quand ça ne marche pas, il faut bien qu'un des deux – tenant ou ressortissant – change quelque chose. Le tenant peut de toute évidence agir plus facilement sur son propre comportement que sur celui des ressortissants. Le panel des leviers est à sa disposition et rien ne l'empêche d'évaluer les résultats de ses tentatives.

Du désordre à la discipline publiée

En cas de résistance, le tenant peut être versatile dans le choix de ses réponses. Il en tirera naturellement des résultats aléatoires. Pour éviter de se perdre dans des choix hasardeux, il convient de mener une réflexion sur la pertinence des leviers en regard des différents types d'événements. Autrement dit, les autorités efficaces sont celles qui se sont dotées de règles propres incluant des répertoires de conduites en rapport avec les situations. Et elles s'y tiennent.

Outre les avantages directs que les tenants peuvent retirer de ces règles, celles-ci renforcent indirectement la puissance de l'autorité en sécurisant les ressortissants.

Quand ces règles existent et qu'elles sont connues des participants, ceux-ci savent très exactement, avant et après, ce qui va leur arriver.

Ce qui est moins apparent d'emblée, c'est qu'ils savent également ce qui ne risque pas de leur arriver. C'est là où se situe leur sécurité : en acceptant la réponse ou en se conformant à la sanction prévue, ils ont la satisfaction d'en éviter d'autres qui ne seraient pas calibrées. La publication et le respect de la règle est donc en soi un facteur de renforcement de l'obédience.

Pour parfaire cette sécurité, il convient de préciser à la fois ce qui arrive au ressortissant et les modalités de l'intervention du tenant.

Quand l'acte d'autorité est porté par la règle

En cas de résistance, le tenant fait des choix, prend des décisions, met en œuvre des réponses. Même si toutes ses actions sont judicieuses et pertinentes, il s'expose à des contestations. Les ressortissants concernés peuvent toujours considérer qu'il s'est trompé, qu'il est injuste, etc.

Quand la règle s'applique, c'est en quelque sorte elle qui porte la décision. Mais, bien au-delà, c'est le ressortissant lui-même qui a pris la décision de son exécution en se comportant comme il l'a fait. Dans la mesure où la règle était connue, il porte donc la pleine responsabilité de ce qui lui arrive.

Entre la situation où le tenant décide et intervient sans règle préalable, et celle où il veille à l'application effective de la règle existante, la responsabilité de l'acte d'autorité change de camp.

Cet état de fait ne présente que des avantages :

- réduction de la pression sur le tenant ;
- visibilité pour le ressortissant ;
- capacité d'autogestion de l'autorité pour le ressortissant ;
- taux élevé de respect des règles.

Et du coup, le rôle d'encadrement du tenant se déplace sensiblement :

- précédemment il décidait de tout et imposait ses choix ;
- désormais il n'intervient qu'en cas de franchissement de la ligne qui sépare l'autonomie de l'indépendance par le ressortissant.

L'autorité renversée

Se faire discipliner par les autres

Comme on l'a déjà dit, la discipline obtenue des ressortissants est à la mesure de celle que l'autorité s'impose à elle-même.

De leur côté, les ressortissants ont bien du mal à se discipliner tout seuls et c'est bien pour cela que l'autorité est nécessaire. Les tenants ont exactement le même problème : ils ont bien du mal à discipliner leurs propres conduites d'autorité.

Car pour les uns et les autres, l'autorité n'est pas l'objet premier de leurs préoccupations : l'activité, le domaine, passent bien avant. Il faut vivre, avancer, travailler, produire, régler les problèmes, faire face aux difficultés, etc. Tout ceci absorbe les attentions et les énergies. Le droit, la règle, l'ordre, l'autorité ne sont que des moyens, des accessoires face à l'essentiel, qui est ailleurs.

Aussi, pour bien faire, il faudrait en permanence être attentif, rigoureux, énergique, décidé, impliqué, et juste ! On peut bien instaurer un tas d'automatismes, il est probable qu'ils ne puissent pas couvrir tous les besoins et qu'ils ne résisteront pas toujours aux urgences, aux distorsions et aux pressions.

Quand un tenant essaie de tenir tout seul sa propre discipline de pratique de l'autorité, il s'épuise et finit par se prendre les pieds dans le tapis. Le plus efficace est donc de se faire discipliner par les autres.

Dans les systèmes hiérarchiques, cette tâche (ou mission) revient naturellement à l'étage supérieur. Mais on a vu qu'il ne la remplissait pas toujours. On peut dans ce cas demander à être accompagné par les collègues et les pairs en créant un processus formalisé de discipline mutuelle. Encore faut-il être nombreux et former une équipe solidaire.

Dans un couple, on peut se discipliner mutuellement. Mais cela suppose que quelques conditions de fond et de forme soient remplies.

En fait, on n'a pas toujours sous la main le partenaire compétent, fiable, respectueux et assez courageux qui pourra tenir ce rôle.

Se faire discipliner par ses ressortissants

Les ressortissants, pour leur part, sont toujours là, et toujours intéressés au premier chef par ce qui leur arrive. Pourquoi ne pas leur demander d'aider leur tenant à garantir la qualité et la pertinence de ses conduites d'autorité ?

C'est un échange de bons procédés :

- le tenant discipline les comportements et les activités des ressortissants ;
- les ressortissants disciplinent les comportements d'autorité du tenant à leur égard.

Chacun s'engage selon des règles partagées et rappelle à l'autre ses obligations spécifiques. L'intérêt est grand pour celui qui détient la fonction d'autorité comme pour ses ressortissants :

- le tenant peut ne pas penser à tout, il peut donc compter sur un garde-fou pour le canaliser ;
- le contrat est puissant et renforce, chez les ressortissants eux-mêmes, les fondements de l'obédience ;
- la pertinence et la qualité de ses conduites garantissent au tenant une performance optimale de ses pratiques d'autorité ;
- le gain en confort mutuel est amélioré puisque des deux côtés on dispose des leviers sur l'autre pour améliorer sa propre situation ;
- les enjeux de la relation d'autorité sont dépersonnalisés et recentrés sur des positions sociales équitables, indépendamment des personnes.

Comment faire ? La balle est dans le camp de l'autorité. Il appartient à celle-ci de :

- définir ses propres règles de conduite en puisant plutôt dans des ressources positives ;

- identifier et formaliser clairement les ressources et les moyens exclus ;
- repérer précisément les conditions et les comportements grâce auxquels les ressortissants peuvent activer ces conduites de référence ;
- poser les limites de ces garanties (autrement dit, les lignes rouges à ne pas franchir par le ressortissant) ;
- les publier, les expliciter et vérifier leur compréhension.

Cela dit, il ne suffit pas de les définir et de communiquer. Il restera à faire l'essentiel, c'est-à-dire donner la preuve répétée que le tenant peut accepter les recadrages venus de ses ressortissants :

- ne jamais justifier ses écarts, mais les assumer tout simplement et très tranquillement comme des erreurs ;
- pouvoir entendre la demande de correction émise par le tenant sans tenter de la réduire, et sans la juger : elle est légitime ;
- corriger immédiatement le comportement, dans tous les cas, sans aucune exception, dans le sens du contrat ;
- tenir compte de l'expérience pour ne pas transformer une erreur ponctuelle en négligence réitérée.

On pourrait supposer que l'autorité risque d'être affaiblie par ce dispositif. Mais l'expérience montre au contraire qu'elle en sort toujours grandie et plus puissante. De fait, en choisissant cette voie, elle se donne les moyens d'accéder au leadership plus sûrement qu'en comptant sur ses seules compétences.